戀愛中的權力爭奪戰！

越相愛越互相傷害？

徐一帆 著

U0078254

從摩擦中學會溝通與理解
別讓小問題演變成大麻煩

♥•♥•♥•♥•♥•♥ 愛情需要經營，相處需要磨合 ♥•♥•♥•♥•♥•♥
真愛的前提不是占有，而是彼此平等
當情緒遇見理智，誰會先說對不起？
吵架也是一種溝通，學會彼此尊重和妥協
告別冷暴力，用心溝通維繫彼此

目錄

目 錄

第六章
較勁也要有效率：愛人之間不可不知的吵架原則

第七章
吵架也是分段位的，這些錯誤千萬不能犯

目錄

目錄

第一章
一對一的致命攻擊：
爲什麼越是相愛，
越是相互傷害

真相：吵架本質是一種「損耗」行為

女人喜歡被寵，被哄，被捧在手心裡，被抱在胸懷裡。男人喜歡被崇拜，被爭奪，被一個女人依靠。

女人要的是安全感，男人要的是實在感。

安全感決定了女人的心思總是放在男人身上，實在感決定了男人的心思總是放在事情上，這事情涵蓋範圍很大，當然包括女人。

男人與女人不同的生理結構導致了男女思考的特性與方式不同。

男人的擴散性思考令男人看事物更具有寬廣性和深遠性；而女人的聚斂性思考則使女人看事物更專注，更重視細節性。

愛情中，女人的安全感從男人身上獲得，獲得的方法以交流為主。

女人們總是靠糾結許多細小零碎的問題來引起男人的重視，男人們總是覺得女人在故弄玄虛、胡攪蠻纏、沒事找事！

這就注定了男女爭吵的內容不會那麼有營養，卻「此恨綿綿無絕期」！

有調查顯示，情侶間的吵架，絕大部分是雞毛蒜皮的小事。但因這些小事而導致分手的，卻多得不勝枚舉。

　　那天，參加某朋友的朋友的生日 Party，原本我不過是跟著捧場，湊湊熱鬧。事實上，這次的熱鬧卻湊得實在不巧。

　　派對進行到一半，壽星和他女朋友就開始了爭吵。剛開始是低頭小吵，隨後變成大聲爭執，到後來，女友怒摔東西，憤然離場。所有人都看著男人，看他會作何反應，以為他會追出去。

　　可是他沒有。

　　悲憤的壽星搓著手掌，痛苦異常地說：她總是喜歡無理取鬧！

　　我直接問他，他指的女友「無理取鬧」是什麼意思？

　　他開始跟我傾訴。

　　譬如，一早，她就坐到他身上，揪起他的耳朵，要他說一百次「我愛你」，就因為前一天晚上他無意中說夢話，說出了初戀的名字。

　　譬如，她生日那天，他忙工作晚歸，卻找不到她的蹤影，打了 N 次電話，才知道，她在酒吧裡請所有男同事徹夜喝酒！

　　譬如，上星期，他心情不好，對她說話語氣重了，她發起火來，把他的筆電藏進冰箱冷凍室裡，致使他電腦裡的所有重要數據和檔案都凍成了「雪碧」。

　　朋友的朋友告訴我，每次出了事情，他都竭力抑制情緒不想跟她吵，想透過講道理、說事實的方式來說服她安靜，後來連心理醫生的職業說辭都用上了，還是沒有用。

他問我，說夢話誰控制得了？他拚命工作還不是為了給上司一個好印象！還不是他想早點做出成績，買房買車娶她！可她就是這麼不講理！只要有什麼不順她心意的，丁點大的事情她都跟他吵！真是莫名其妙！

我忍不住發笑，問他：愛情需要講理嗎？

愛情不是訴訟法案，不是電腦程式，更不是售後服務部！

愛情不講理，更沒有道理可講！

愛一個人接受的不只是她給你的好，還有她給你的「壞」。這個「壞」裡面，當然包括荷爾蒙主宰的情緒挑戰。

一個愛你的女人，或許不會因為門口堆積如山的垃圾袋跟鄰居爭吵，卻很可能因為你扔在地板上半天不洗的臭襪子而停了你當天的晚餐。

一個愛你的女人，或許不會為了 100 元假鈔跟攤主大吵特吵，卻可能因為你買了比以往便宜 10 塊錢的衛生棉而讓生理期的激素大肆波動，跟你唱反調！

有人說，愛情讓人智商倒退，其實同樣倒退的還有情商。

戀情甜蜜的時候，男女間的博弈，或許還有那麼點意猶未盡地相互引逗，動輒些許手段一試對方的情商，可是甜蜜期一過，小革命歌曲就奏響了！

男人開始忙碌，對女人有了忽略；女人開始警醒，對男人有了計較。

吵架應運而生。

在外人眼裡，她可以是溫文淑女；但在你面前，她放鬆、真實，還帶著點並非良家婦女的痞子味，敢素顏給你看，敢跟你擺臭臉，敢對你說五個字以上的髒話！

悲憤時，她隨手拿起一樣東西就擲出窗外！

你惹她生氣時，她敢用一整杯的鮮奶潑你這個一八五的健碩肌肉男！

換個人，她敢嗎？

她用壞脾氣、壞情緒來挑戰你的承受底線，或是激發你的反射弧運轉速度，你要問為什麼，我只能告訴你，因為她跟你熟。

因為跟你熟，她便仰仗你們之間的柔情密意、細膩溫存對你為所欲為。

這種仰仗，是好的，也是壞的。

就像小孩子擺弄著手裡的玩具槍，很刺激，很有趣，可若是真的開槍傷了人，就不好玩了！

我不在乎你，才懶得跟你吵；我跟你吵，是向你證明我有多重要。

這種證明方式，顯然是閃著火花的導火線，既美麗又刺激，帶著高危險係數的宣言。

不然怎麼有首歌唱，「我最深愛的人，傷我卻是最深。」

適度的爭吵，正是試探愛的手段

我曾感受過中醫按摩的魅力。

穿著白袍的按摩師，大手指在我身上一按，我慘烈的叫聲險些讓隔壁床上的朋友誤以為我遭到了暗殺！按摩師的手法真是厲害，按穴位按得準，力道也狠！我痛得滿頭大汗，按摩師也忙得滿頭大汗。

雖然當時的按摩讓我疼痛不已，但當我離開中醫館後，卻深切地感到，當時被按得疼痛的地方，之後卻讓我感到異常舒服。

我還記得，按摩中按摩師跟我講解了「不通則痛」的道理。按哪個穴位痛，就說明哪個穴位不通，穴位不通，脈絡阻滯，長此以往，就會在體內種下各種健康隱患，而這正是造成現代人大多呈現亞健康狀態的主要原因。

人體的健康需要脈絡暢通，男女之間的情感又何嘗不需要如此呢？

前不久，我接過這樣一個案例。

一位姓張的先生剛走進我的諮商室，就給我一種烏雲蓋頂的感覺。

他說的第一句話令我印象深刻 —— 我的女友是瘋子。

我問他為何這樣說，有什麼依據。

他舉了幾個例子，譬如：他怕吃辣，女友卻總是在做給他的三明治上抹很多辣椒醬；他好幾次從不同的上衣口袋裡摸到女友偷偷放進去的保險套；女友會忽然大半夜跑出去打電話給他，叫他五分鐘之內開車接她回去。

還有，上個星期女友過生日，在他家辦生日派對，請來了不少朋友和同事。派對結束時，女友送給每個人一張卡片，卡片上居然黏貼著他與她只穿著內褲的床照！這令一向很注重交際形象的他崩潰了一個多月！

更令他吃不消的是，前不久，他剛準備參加一次很重要的會議，女友打電話來告訴他，她正在欣賞某處美麗清新的田園風光，如果他想拿回那份企劃書，就要答應陪她在這裡度假一星期，不然，他就別想知道企劃書在哪裡！

他慌忙翻開自己準備了一個月的企劃書，發現果然被女友掉包了！

當然，為了開會，他妥協了，馬上答應她的要求。隨後女友告訴了他企劃書的藏身之處，可是最後，他還是因為交通堵塞錯失了良機，結果被上司批評一通！最讓他痛心的是，上個月，上司還找他談話，有意提拔他，這次失誤令他的升遷夢徹底破碎了！

那天，他們大吵了一架，女友哭哭啼啼地從公寓裡跑出

去，不一會，又哭哭啼啼地跑回來。

從那以後，女友的瘋狂變本加厲，一天，他突然發現，他手機裡所有女同事的電話都被女友刪除了！

他拿著手機質問女友，女友理直氣壯地告訴他，這是為了保衛愛情！

他真的要被女友逼瘋了！

我禁不住問張先生：除了那次因為企劃書發生的激烈爭吵，你是如何應對女友前面那些行為的？

他皺著眉，哀叫著：忍耐！誰叫她調皮，沒分寸，是小孩子性格！我總不能跟她一樣胡鬧！

我不禁也想叫出來：哦！天哪！不胡鬧，難道就不交流嗎？

人的忍耐力是有限的，再悲苦再能隱忍如祥林嫂，忍多了，崩潰了，也會揮斧砍那土地公廟的門檻。

其實在我聽來，張先生的女友帶著點潑辣、野性、小瘋狂與小可愛。事實上，像她這種喜歡給情人一點小痛苦、小焦灼、小折磨的心理，每個女子從青春期，甚至過了哺乳期都會有的。這樣的女友放在電視劇裡一定很精彩，當然放在現實生活中，處理不好就會徒增許多意外和煩惱。張先生就是這樣的例子。

男人有度量、懂忍讓，這是優點，但這不等於你要做一根

乾燥絕緣的愛情木頭。

你以為，自己乾燥了、絕緣了就真的和諧了？事實上，這種狀態一點都不可靠，說不準哪天，天乾物燥，你自己就先燃燒起來了！

當你的情人跟你調皮，耍脾氣，搞破壞，玩猜忌，開始打掃周圍，你卻自始至終都像結實的鋼筋混凝土一樣連一道縫都不開，請問，你的情商究竟跑到哪裡去了？

愛情是兩人心理碰撞越激烈才越融和的對手戲，彼此不該為了和諧融洽而失掉了相互間的互動連繫。

她用辣椒醬辣你，你就在她面前裝可憐、博同情，或者跑過去小小懲罰她。她把保險套塞得每個口袋都是，你就認為那是她給你的性暗示，晚上可以主動突擊她。

當你的情人頻頻出招，而你卻縮在一角，她的小刺激小瘋狂沒能達到試探效果，那麼好，下一次，再下一次，她所要做的就很容易超出你可能接受的範疇，那麼爭吵在所難免，因此分手也並不為奇。

我們往往以為，對於愛情，最可怕的是失去，其實，多少無疾而終、有疾而終的感情都告訴我們，不冷不熱、不痛不癢、波瀾不驚，才是一段愛情最致命的隱痛。

愛情需要互動，需要情趣，甚至為了互動與情趣，有事沒事地我刺激你一下、你折磨我一下，來來往往，才會越發覺

得，彼此是如此相愛，如此在乎對方。

否則，哪一天，我們都不痛不癢了，就像是不知道自己身上多少個穴位經絡已經出現了「不通則痛」的情形，那我們的愛情就距離生病不遠了。

這時候，我們急需的是，相互點點穴，按一按。

點得準與不準，點輕了或重了，都不必著急，久病還能成醫呢。身體的穴位多，情感的穴位更多，你不可能每次嘗試都失敗，更不可能你的每次付出都令對方覺得你古怪。

相愛需要緣分，相處需要勤奮。

愛是個動詞。

你要愛，就要去 do。而且還要保證，你與她（他）都在 do-ing，do 得默契。

當你說出一句「我愛你」的時候，那或許只是一瞬間荷爾蒙的迸發與碰撞在你與他之間激起的無比璀璨夢幻的煙火。

可是煙火過後，你和對方就要逐漸確定、增進這份感情，要耍手段如小爭吵或者小傷害，是必不可少的感情顯影劑。

生活中不會時刻充滿驚喜，所以時間久了，愛情裡總會缺少那麼點魔力。

你若是因為懶或者自以為是地做個木頭人，那就別怪對方真把你當成木頭，鋪在路上，當作枕木，而他（她）隨時準備邁出出軌那條腿！

　　爭吵也好，傷害也罷，不過都是為了證明對方對你的愛！就像按摩師點按你的穴位，刺激你的痛感，為的是讓你全身的經脈暢通，而不是真的要把你剝皮斷骨，搞得血肉模糊！

　　爭吵與傷害，確是一段感情裡靈驗的試劑，但卻不是萬能靈藥，適當恰當地用，可以促進感情升溫，不分輕重地大劑量使用則往往適得其反，會令對方覺得你是個瘋子、猜忌狂、妄想症患者！

　　過多的爭吵，過重的傷害，是愛情裡萬萬要不得的！

達不到你的期望值？可能是你太貪心了

　　週末開啟電子信箱，收到好友表妹艾利的 E-mail。這封信的內容，堪比證券分析報告，分析對象正是被她暫定為未來老公的現任男友，與之並行比較的另外幾人包括她同事的男友、同學的老公、朋友的情人，還有幾個對她仍不死心的追求者。

　　艾利說男友沒有某同學的男友上進，沒有某同事的準老公職位高，沒有小意聰明，做事死板沒有邢先生靈活，沒有萬先生有魄力、有手腕，沒有蒲總交際廣，沒有汪經理口才棒……總之，艾利用別人的優點，將男友對比得體無完膚，一無是處。

隨後，她爆出一句慘烈哀號：他怎麼這麼多缺點！

我盯著眼前的各種比較，真想尖叫！

其實艾利的男友，我也見過幾次，印象中是個乾淨、有氣質有涵養的男子，從事一份體面而高薪的工作，會做日韓印三國料理，會說英法德三門外語，對艾利亦體貼入微，說話從來都是溫聲細語。兩人站在一起也是一對璧人，就像時下偶像劇裡的男女主角。

沒想到，艾利居然還有這麼多的不知足。

從信中不難看出，艾利的不知足源於她喜歡跟周圍各種所謂完美的榜樣比較，結果比來比去，覺得自己男友各方面都不如人家，所以她對這份感情開始抱有懷疑。

女人是個喜歡鑽牛角尖的動物，因為她喜歡細化問題，認為只有甄別每一點，才不容易失去獲勝的戰局。而男人剛好相反，男人很少鑽牛角尖，男人喜歡概化問題，認為掌握全局，就掌控了主動。

當然，兩種思維模式各有利弊。

女人鑽了太多的牛角尖，守住太多芝麻綠豆的細節，卻往往忽略了象牙、熊掌。

妳以為抓住了好多感情中的疑似不完美的線索，就足以認定這份感情可被淘汰、代謝，而同時心裡還有些不捨，有些不甘，總希望情人能變得再好一點，再棒一點，最好把其他所有

人的優點都集中在他身上。

可是，妳知道嗎？妳這不是在談戀愛，而是在組裝男友！妳的男友不是機器人！

其實每個人都想要完美，可是世界上沒有完美的東西，真正能達到「完美」的是神仙，不是仍被劃為靈長類的你們或者我們。

愚蠢的人，最愛拿自己跟別人比來比去。

愚蠢的女人，最愛拿自己的男人跟別人的男人比來比去。

能比較的幸福充其量是聊以自慰卻又無法滿足才隨時拿出來 show 的小幸福。

真正的幸福不需要比較，不需要宣揚，輕易就呈現在你與他的臉上與舉手投足之間。

誰也不會否認，一對夫妻臉上的自然微笑是幸福；誰也不會否認，男人回來提著滿滿菜籃，女人開門迎接是幸福；誰也不會否認，即便是吵架也會把戰場搬到床上的夫妻是幸福的。

你選你的，我愛我的。

各走各的路，各談各的愛情。

幸福被上帝免運送達，正因女人學會了放下，懂得幸福是現實擁有，而不是執著於追究別人的那些優點自己男人有沒有。

可惜，能有此悟性的女人，至少也要在感情上經歷那麼幾次波折才能悟到。

女人哪！尤其自認為小有「資質」的女人哪！最容易犯的錯誤就是「貪心不足蛇吞象」！

給妳個超人，妳嫌他只會在床上用肌肉炒飯。

給妳個草食男，妳嫌他溫順得像妳伯母。

給妳個小叮噹，妳嫌他腰太圓，身材像叉燒包。

給妳個蝙蝠俠，妳還嫌他夜晚出去。

女人究竟要什麼？

女人被現實弄得迷惑，然後再把男人弄得迷惑。

所以，男人經常痛苦非常地問女人：親愛的，妳到底要我怎樣！

女人也很痛苦：我也不知道！

其實，很久很久以前，莎士比亞（William Shakespeare）大師就已經給了我們答案：女人需要的是，愛！

現實太華麗充滿誘惑，人性太脆弱容易驚惶。

在男女感情關係確定之後，妳是否能夠一直堅定地清楚自己要的是什麼，而不會被旁人的所謂完美圓滿「一葉障目」，放棄了妳的「泰山」？

這世上的人，無論是男人還是女人，都想擁有一個完美情

人，然而，只要我們多少動下腦子，省省腦殘激素，就會明白，這是不可能的。

無論男人多優秀，如果他沒有愛妳的那顆心，那麼妳注定除了死心之外，就是傷心。

無論男人多愛妳，如果妳不懂他對妳的這顆心，那麼妳注定除了傷他的心之外，就是把他弄得死心。

這兩種可能，都會讓妳的愛情到頭來竹籃打水一場空。

當然，女人在決定愛不愛什麼樣的男人之前，都會想清楚。她們會十分警醒，理智非凡，在心中暗自訂下各種指標，若不達標，一律淘汰出局。

可事實上真的如此嗎？

男女間是否發生愛情，完全由苯乙胺、多巴胺、去甲基腎上腺素、腦內啡和後葉荷爾蒙這五種愛情激素決定。可見這五種激素都並非與理智相關。

愛情本該是感性的。

人是活的，感情是玄妙的難以掌控的，它不受各種規章制度的約束。

妳見到這個人，決定與其交往時，那些之前在妳胸中被妳深知熟稔的各種條件的底限，就會變得毫無立足之地。不然，哪來的牛郎織女天仙配？哪來的王寶釧與父三擊掌決裂？哪來的羅密歐苦戀茱麗葉？

既然愛了，就不要後悔。

既然選擇了，就不要沒事劈腿。

情場信譽可是會直接影響妳將來的婚姻。當然，這並不是說兩人談戀愛如果中途發現對方並不適合自己，自己就非要在一棵樹上吊死。

妳要真有這份自殺的心，也先顧忌下這棵樹的感受，看人家願不願意讓妳吊死在他身上！

愛情的前提至少是兩情相悅，如果兩情都不悅，就沒必要把紅線當成吊繩，斷送自己和他人的幸福。

戀愛，戀愛，就是練習著愛別人，也愛自己。

當妳心中還確定妳是愛著對方的，但卻沒那麼深地愛時，那麼，妳先問問自己，是不是對對方的期望太高了？是不是自己太貪心了？

水滿則溢，月圓則缺，現世溫暖永遠是那些懂得知足、懂得幸福含義的人才能體會到的。

做個聰明知足的女人，學會放下過滿的貪念，你就會發現，其實最好的已經在妳身邊了。

一個人吵架的模式，正是他內心需要的寫照

週末晚上，我接到朋友曉來的電話，約我出去敘舊。

見面時，我才發現周遭的環境甚是熱鬧。

我問：妳怎麼找了這麼吵鬧的地方談事情？

她無奈，難道要她在咖啡廳裡，對著理查‧克萊德門（Richard Clayderman）的鋼琴曲，控訴男友罪行嗎？

坐在我對面的曉來，精緻妝容，全身名牌，唇膏的顏色與鞋子顏色很搭，包包的款式和衣服的風格也很配。

她這哪是憂憤的女子？簡直可以去諾貝爾頒獎典禮現場踩紅毯了！

曉來告訴我，她胸口有一口氣！

這口氣就是她男友！

我從隨身包裡掏出紙筆，學著醫生的口吻：說吧，這口氣具體是什麼病症？

根據曉來的敘述，她男友的症狀展現為：總是喜歡當著所有人的面，對她全身品頭論足，把她貶低得一文不值，抓住所有機會給她難堪。

這真讓她火大！

吵架在所難免，提分手也有許多次了。可男友每次都做出

痛改前非狀，向她誠懇道歉。可是隨後不久，他又會一而再再而三地舊病復發。

曉來最後對我說，她要跟他分手！

而她臉上的表情，很清楚地說明，那是反話！

如果女人因為某個男人生很大的氣，那麼就說明她對這個男人仍舊愛得很深。

氣是因為急，急是因為計較，計較是因為愛！

女人心裡如果對男人沒有愛了，那她還計較什麼？還急什麼、氣什麼？

曉來男友我也認識，印象中，真的很寵曉來，上下班接送自不必說，對曉來的喜好，曉來的生日，曉來用哪個牌子的化妝品，擦哪個牌子的香水等等，他都記得很清楚。

我對男人的具象記憶力一直保有不屑。不過，曉來的男友卻是個鮮有的例外。後來，我才知曉，原來人家是做足了功課的，隨身攜帶的本子裡都一條條仔細記著呢！

足見這男人對曉來有多用心啊！這份用心，真叫我們小女子感動！

印象最深刻的一次，是這個男人請我們幾個朋友吃海鮮。席間，我就看見他為曉來親手剝蝦殼、剝蟹殼。那幾天曉來生理期，他在旁叮囑曉來不要喝冷飲料，還親手用熱水溫過了才讓曉來喝。

在座的所有女人，都不禁羨慕。曉來也似乎很陶醉，伸手扯了扯男友的耳朵，對我們笑著：怎麼樣？我養的寵物很聽話吧？

我們笑起來，她的男友窘得滿臉通紅，跟我們呵呵傻笑。

我心裡想，這男人真不錯，細心周到，又懂得容忍。

曉來男友開車送我們一個個回家，因為我與曉來男友住得較近，他最後送我。

這時，我忽然發現，他的臉上、脖子上不知何時冒出一堆紅疙瘩。

後來，我陪他去醫院，醫生的診斷是，海鮮過敏。

他這才告訴我，原來，他不能吃海鮮，因為曉來喜歡吃，他不想掃興，當然要陪著。

我心裡一陣唏噓，同情地拍了拍他的肩膀：你還真是捨命陪美人啊！

其實，我心中也隱隱地為他和曉來擔心，擔心男人把女人寵壞，擔心女人不懂得男人也需要關懷。

當初，男友追求曉來，也是頂著很大壓力的。

曉來的父親是有名的企業家，母親從事教育工作，家庭殷實。曉來漂亮，有氣質，從小受藝術薰陶，舉止投足間總是帶著一股名媛風範。追求她的優秀男人多得可以裝滿幾節車廂。

當然，曉來男友也是不錯的，有一份待遇很好的工作，有房有車，相貌英俊，博學多才，性格溫文爾雅，有一雙迷死人不償命的桃花眼。畢業幾年裡，他努力打拚，終於在此地贏得自己的一片天地。

常有人說，男人逃不過被崇拜，女人逃不過被寵愛。其實，男人也需要被寵，女人也需要被仰視。

而從小養尊處優的曉來，身上除了有高貴優雅的氣質外，還有些許公主病，在交往中，就常常忽略男友的感受。譬如，她很少從兩人的角度去考慮問題；她習慣以自我為中心；她想當然地認為，男友應該永遠對她保持仰視姿態；她認為男友在自己面前不需要自尊。

這些訊號是極其危險的。

女人太過自信，男人就會缺乏自信。一高一低的心理對峙，時間久了便會形成惡性循環。曉來與男友之間的矛盾，就是這種自信差造成的隱藏危機。曉來在受到男友挑剔、貶低的時候，也該從自己身上找找原因。

尊重與愛都是相互的。相愛的時候，請記住尊重彼此。

在男人身上尋找自信的女人，身邊的追求者越多，內心建構起來的堡壘才越富貴華麗。真正能攻入堡壘之內奪得美人心的王子就應該明白，你來是為了娶她、愛她，不是來拆她的臺、毀她的城堡的！那麼，身為公主的女人們也該清楚，如果

妳愛這個王子，就不要介意他騎著的是白馬還是灰驢，或是徒步。至少，你給她的姿態該是溫柔優雅又親和真誠。

　　請開啟妳的心門，讓他看見更多妳的愛與寬容。那麼，他在妳的愛中也會成長、強大、篤定，成為更有王子風範的王子。

　　一個人的吵架模式，正是他內心需要的反應。正如同餓了要吃飯，渴了要喝水，累了要歇腳，睏了要睡覺！曉來總是忽略男友的自尊，便招來男友對她自尊的傷害，隨後男友又很後悔，而這種後悔，並不能解決問題。在道歉、求和之後，再遇見某種情況，男友又會不自覺地傷害曉來的自尊。這是由於，曉來沒有改善他們之間的交往方式，而男友的這種反抗行為也隨之加劇。

　　相愛時，請注意他的吵架模式，抓住了病症，趕緊治病！
　　別讓你們的愛情病入膏肓。

可能是對方的壞態度「激起」了你的「鬥志」

　　那天去參加同學婚禮，坐在我身邊的是一對小情侶，荊小姐和柯先生。席間，柯先生始終一聲不吭，眉頭緊蹙，荊小姐一下拉他的手，一下摸他的臉，一下問這問那，一下幫柯先生

夾菜，一下又用紙巾幫他擦嘴。一開始，柯先生還勉強回應，隨後，便冷漠起來不理人了。在別人看來，荊小姐很賢惠可愛，柯先生的態度實在太壞。

突然，柯先生起身走了出去，荊小姐隨後追出門外。一會，荊小姐又跑回來，進了洗手間。

我看見荊小姐正用紙巾擦臉，顯然兩人剛剛發生了不愉快。我與荊小姐聊天的開端，她仍未收斂怒容，信誓旦旦一定要跟柯先生講清楚。

我問她怎麼講清楚？

一件一件！一樁一樁！荊小姐氣勢頗盛。

我問她：柯先生現在能聽進去嗎？

聽得進也要聽！聽不進也要聽！荊小姐鬥志昂揚。

荊小姐開始一條條控訴柯先生的罪行。

他說他最近心情不好嘛，那我就陪他嘍！叫他出來參加表哥的婚禮，沾沾人家的喜氣啊！我那麼討好他、安撫他，他卻總擺著一張臉，給誰看啊！我多勸他兩句，他就叫讓我離他遠一些，還說我好煩。上次也是這樣，他們公司新來的老闆把他狠訓了一頓。

他回到家，就對我不聞不問，只知道自己坐在電腦前玩遊戲。我過去坐在他腿上，被他硬推下去，還說，他心情不好想自己待會！心情不好還能打遊戲？他工作上不順心，為什麼不

能跟我說說？就算我沒什麼好的建議，總可以幫他排解下心裡憂鬱吧？

荊小姐說完這些，我大致了解了他和她之間的問題。

其實這個問題，說起來簡單也複雜。

荊小姐和柯先生之所以會出現矛盾，就是因為四個字——男女有別。

人類共有 46 條染色體，除了第 46 條染色體決定了男女兩個性別之外，男女在基本的生長發育上是沒有很大的區別的。

而這決定性別的第 46 條染色體，則四兩撥千斤地產生了決定作用。它決定了男女之間迥然不同的思維模式和價值取向。

男人更精於抽象、概括、立體式的問題，而女人更精於具體、細節、直線式的問題。

高興時，男人不輕易喜形於色，女人則一定要大喜過望。

一般情況下，男人喜歡縮小壓制問題，女人喜歡擴大釋放問題。

從心理學角度來看，女人更愛傾訴，男人更愛沉思。

女人的口才只在男人面前展現，男人的口才則在大眾面前展現。

女人生氣了、傷心了，一定要找個人好好說。如果身邊沒

這個人，她就一定會拿起電話，煲幾個小時的電話粥，直到把不快都傾吐乾淨，才會收線。而男人呢，獨自一個人待著，喝喝啤酒，聽聽爵士樂，或是看看球賽、打打遊戲。

荊小姐執意地以女人的需求來安撫柯先生，顯然她不會得到她預想的結果。

更糟糕的是，在撫慰柯先生的過程中，她覺得自己受了委屈，她喜歡打擾人的模式啟動了，對著男友說個不停，理論個沒完！男人越想清靜，她越不想清靜！

兩人一動一靜地，終於有了火氣！雙方火氣越來越大，反效果愈演愈烈！

因為，根本藥不對症！

千萬別火上加油！更別在禁聲區撂狠話！

所以，暫時調至節能狀態，休休兵，休養生息一下，利大於弊！

男女間的相處，無論何時，都是一場博弈。

你最先不淡定了，輸得多的就是你。

別把自己搞得太強硬，即便真成了鹹蛋超人，你拯救得了世界，也拯救不了你和他的愛情。

真正想分手的人不會用「吵架」達到目的

那天，在派對上，因為貪吃了兩塊巧克力蛋糕，兩顆患有舊疾的牙齒就開始跟我抗議。

搭朋友的車去看牙醫，剛走進醫院，就看見走廊另一端護士小歐拉著一個帥哥往外走，邊走邊吵。

牙醫一邊幫我消炎，一邊嘟囔著，天天吵著分手，也不見真的分！

我忍不住笑，偏偏嘴巴被撐著，又不能笑得很盡興。

以前來洗牙，我曾見過小歐幾次。小歐長得漂亮，人又機靈，嘴也甜，每次見我都姐姐、姐姐的。

女人天生是個表達多於思考的動物，這點正好跟男人相反。

女人，尤其在自己愛的男人面前，更是喜歡說個沒完，高興時說，不高興時也說。

那天，牙醫幫我處理好鬧彆扭的兩顆牙，離開前，他除了再次警告我不要碰甜食，還拜託我勸下小歐，如果要跟人家分手，就快刀斬亂麻，別總拖拖拉拉。

我笑著告訴牙醫，小歐才沒真想分手呢！

牙醫還不信。身為一個有五年婚齡的成熟男士，對女人的心還是抓得不夠準！

女人每天吵著要節食減肥，每天吵著要把自己嫁出去，每天吵著要把幾張信用卡刷爆，每天吵著要釣一個真正的金龜婿……

女人每天說過什麼，表明過多少決心，發過多少狠，真是太多太多了！有時候，連她們自己也記不清哪一句是真、哪一句是假！

其實，根本不用記憶，因為，大多數時候，她們也只是說說而已。

女人用語言排解壓力，煥發魅力，吸引異性注意力，提高身體免疫力，就跟男人心煩了，去酒吧要一打海尼根，勞累了喝幾罐紅牛，是一樣的道理。

女人的宣傳力總是比行動力要大得多，特別在愛情中，總是喜歡使用一些虛張聲勢的伎倆。

她今天說不喜歡你了，說你很煩、很討厭，說想分手，其實她並不是真的不喜歡你了，真的覺得你很煩、很討厭，或者想分手。

她說這些話的目的，就像是一個得不到想要的那個新型玩具的小孩子對自己的父母發怒，重點是：你們為什麼不買玩具給我！

不管人長到幾歲，有多少閱歷，骨子裡都會存有一定的孩子氣。

當生活達不到自己想要的境遇，當自己另一半的表現總是那麼差強人意，女人們便會抗議，會積極主動地表現出來。而男人們則習慣於隱忍，以更直接的行動方式去努力改變現狀。

男人與女人的表現總是不同。

男人習慣隱性表達，女人習慣顯性表達。

男人用沉默冷淡表露自己內心的不滿，冷暴力是他們的強項。女人用熱切質問表露自己內心的不滿，熱暴力是她們的強項。

當女人站在主場位置，那麼，所有問題就都不會以直入主題的方式進行。

不管女人有多生氣，有多不滿，面對自己的男人，她永遠喜歡以一種母親對小孩子的誘導心理，旁敲側擊，以此來窺視兩人的默契度與相愛程度。

男人們卻最討厭繞圈子！

所以，女人要記住，Don't beat around the bush.（別兜圈子了。）

因為，用這個方式來試驗你們兩個的默契度，90％以上的機率妳將得不到妳想要的結果。那麼，妳心裡的不滿意度再次更新，妳會在心裡給你的男友打上大大的負評！

這下狀況就更難以掌控了！最壞的結果就是，男人沉默冷冰冰，女人吵得熱火朝天。冷熱不均的狀態簡直是冰火兩重天！

吵來吵去的後果，最容易把假分手吵成了真分手。這種例子並不鮮見。

我有一位同學剛與男友分手，就是因為總愛耍小脾氣，沒事鬧分手玩，一次兩次男友都忍了，後來多次這樣，男友忍無可忍，終於發一條簡訊 Say good bye。等我同學去找人家時，人家都把備胎扶正了！

所以，你若不想分手，千萬別總把「分手」整日掛在嘴上，妳以為你這樣會激起男人更強烈的挽回心理，其實，妳錯了。

男人不懂妳聲東擊西的心理戰術，更不會仔細思索妳這些虛張聲勢的把戲。他直接看見的，就是妳厭煩你們之間的感情了，不然怎麼會整日內分泌紊亂鬧情緒？

事實上，女人連續說一百次分手，都不會是真的，而男人說一次分手，就真的假不了！

所以，跟男人提意見、表示抗議，最直接也最聰明的方式 —— 有話直說！

一定要記住，千萬別拿分手當兒戲。

我走出診室時，小歐和男友還在吵。

我走過去，直接向小歐男友提議：牙醫告訴我你們要分手了，我朋友的表妹正值妙齡，貌美如花，要不要幫你介紹？

小歐忙死抱住男友的手臂，對我怒瞪著大眼睛，大叫：才

不要呢！我們感情好著呢！

　　看！其實女人的心思，並沒那麼深！你只要投一顆石子就可以試得一清二楚！

第二章
浪漫中的權利爭奪戰：
到底你聽我的，
還是我聽你的

為什麼我要讓步

有段時間，老公整天看美國拳王爭霸賽。

以往，我對拳擊運動懷有一種成見，尤其是，看著人在臺上揮拳，總覺得那是一群野蠻大猩猩的互毆活動。

後來，禁不住老公誘導，我也跟著看了幾場，結果越看越來勁。我發覺，拳擊不但是體力的對決，同時也是腦力的對決。拳擊手出的每一拳，襲擊對手哪個部位，出拳的長短、力度、速度、次數，都是有講究的。

記得讀國中時，物理老師曾說過，拳擊手想重創對方，要先把拳頭收回，再打出，這樣擊打力度才更大。

我把這個力學原理講給小薇聽，她驚愕地盯著我，戰戰兢兢地問：姐姐，妳的意思是要我把他狠揍一頓？

我回想起小薇那個健美教練男友的壯碩體格，再瞧瞧小薇這纖弱小巧的體形，連忙搖頭：

當然不是！

小薇與交往了三個月的男友剛剛同居，一開始，你好我好，大家都很好，你愛我，我愛你，愛得如膠似漆。可時間一長問題就出現了，一向很容忍大度的男友，那天因為一件洗壞的球衣對她大為光火。小薇哪裡肯受這個氣，結果兩人就吵了

起來，相互都不讓！男友當即摔門走了！

小薇覺得委屈：才多大的事！不就是不小心洗壞了一件衣服嗎？以前，我還失手打碎過他買的一整套水晶杯呢！他當時心疼得要死，也沒對我說一句重話，還問我有沒有割到手呢！現在他不理我，就等著我跟他道歉！他不是愛我嗎？為什麼還要女人道歉！

聽著小薇的這些疑問，我也看出，在她見我之前，她已經把事情在心裡翻了幾遍了，在反覆糾結中，尋找問題的癥結。

事實上，小薇跟男友相處得還是很甜蜜的。我們曾一起露過營，當時，所有人都看得出小薇男友對她的疼愛。小薇還不知足，時而發個小脾氣，一會嫌他搭的帳篷不對勁，一會嫌他烤的肉串不香，一會又要他幫她捏腿揉腳。

不管小薇怎麼說，大個子男友始終微笑著點頭，一點都不生氣，還說：老婆妳說得對，我都聽妳的，老婆別生氣，我慢慢弄。

你聽聽，多好的小子！

人家小薇可沒覺得怎樣，只是一臉傻笑地說：男人不就該寵著女人嘛！

被男人寵，被男人愛始終是女人的終極夢想。

這世上，通常存在著這樣幾種女人——

第一種，不知道如何求愛，不記得求愛。把自己當成了聖

母瑪利亞，下界來普渡眾生，把男友當成王子天皇服侍。這種女人通常下場很慘，結局可參照秦香蓮。

第二種，無節制、無下限地求愛。這種女人往往對自我認知有個清楚定位，知道自己想要的。她並不一定很自信，卻對愛情非常有主張、想法，總是試圖從男人身上尋找滿足感和存在感。這種女人往往愛也**轟轟**烈烈，敗也**轟轟**烈烈。小薇正是這種。

第三種，把求愛與給愛有機結合起來，用進與退的互補技術玩轉愛情，建立一個你與我共進的和諧社會。這種聰明女人不是沒有，但數目卻不多。

有人曾用銀行存款來比喻愛情，我個人認為這個比喻有一定道理，卻也不全對。

愛情需要彼此交付與索取。

愛，並不因你一直賣力存入就會加倍累積。事實上，你一味地付出，卻從沒想要取用，最後很可能會一場空，直接連愛情的「銀行帳號」都被改到別人名下了。

但若是你一味索取，戶頭上的「錢」越來越少，你的「愛情銀行」遲早就會因被你掏空而垮掉！

求愛只是被愛的第一步，重要的一點是，要記得有「存」有「取」，保持「收支平衡」，保持「資金」流轉正常。

再說拳擊與愛情的關係。

　　我如此連繫，並不是真要小薇把誰打趴下，只是想告訴她，在兩性心理角力中，你要想出擊得準確有力，就不要時時計較誰站得位置高一些、誰的姿態卑微一些，此時的「收回拳頭」、「退後一步」，是為了下一步猛擊。

　　往常都是他讓步，這一次妳讓了，他會忽然發覺妳以往沒展現出的優點：溫柔，體貼，懂事。妳的「讓步」反而會令男人回想起妳更多的好，淡忘妳的刁蠻。

　　這才是妳真正的「猛擊」。

　　當妳耍脾氣、鬧彆扭的時候，妳應該知道，耍脾氣不是妳一個人的特權和專利。

　　他向妳道歉，說明他愛妳，但是這種愛的表現不是他一個人的義務。

　　情侶間相互尊重、理解可以增進感情，相互間調調情、撒撒氣更是感情裡的調味劑。

　　愛情裡沒有絕對的對錯，又何必在意誰讓一步、誰的姿態低一些？

　　你敬我一尺，我讓你一丈，你寵愛我，我也愛護你。

　　不錯。戀愛中，女人是該保持一定身段的矜貴，但這並不代表，妳就應該每天 24 小時都繃著一張「母儀天下」、「垂簾聽政」的臉，那樣妳震懾掉的不只是男人對你的興趣，還包括你們的戀愛情趣。

　　妳要索取愛，就要提醒自己，是否以愛之名，毫無節制地傷害對方。

　　不要將別人一次次的寬容大度視作尋常。他只是因愛而變得會忍耐，也會因愛而變得容易受傷害。

　　當妳承接對方的好和愛的時候，不要忽略了，對方也同樣需要妳的愛。

　　其實，在愛情裡，不論男女，讓讓對方，別總記掛自己的「愛情尊位」，這種「懷柔政策」反而會讓你們的感情獲得更多生機。

　　愛情中，懂得讓步的女人，是溫柔的；懂得讓步的男人，是寬厚的。

　　如果愛他，就別總把那些讓步的事情留給對方去做。

　　讓讓他，妳真的不會吃虧！

先動優勢：「主動」也是一門藝術

　　艾達最近在跟男友鬧彆扭，把我們幾個朋友約到 PUB 裡，邊喝酒邊罵男人。

　　艾達說男友太無賴，太小氣，太挑剔，自從同居後，簡直

把她當成了 24 小時待命的保母。

兩人相處時，十有八九都是他時時在理，她處處受氣！說又說不過他，打又打不動，人家一句話頂上她十句話！

艾達的男友我曾見過幾次，陽光帥氣自不必說，長得很像某風頭正盛的韓國男明星不說，最令人印象深刻的是，此男屬於典型的富二代脾氣、一般身家。

起初，艾達和他交往時，很多人都勸過艾達，不要只看男人一層皮，小心被人吃定了還不自知！

看看如今的戰局，果然，不幸言中！

那天，姐妹們提出讓艾達乾脆把男友踹了，更新換代。艾達又捨不得放手，畢竟交往了一年有餘。

在我們外人來看，艾達的男友，不過外形帥點，脾氣跩了一點，不用費力就能把大美女小美女迷得翻天覆地。當時，艾達就是這麼不顧一切地猛撲上去的！

其實，沒人有資格評判別人的愛情好不好、對不對。

愛情是不講道理、不問原因的。

現實社會中，就是會有一些女孩對「壞」男人情有獨鍾。

這些「壞」男人，總是骨子裡散發出一種氣場引你上鉤，令你不能自已地放棄自我，圍著他轉，滿足他的一切需要，聽從他的一切所想。

艾達的男友正屬這一類。

據我所知，艾達的男友從小就是一棵被眾花簇擁追捧的名草。

艾達還曾給我們這些朋友爆料，現在她男友家裡，還有兩個紙箱子裡裝著上千封情書和女子的私密日記。

不管這說法是不是艾達男友的誇飾，從他始終留著之前若干年追求者的求愛信這一件事情上來看，此草帶有不小毒性，絕對不是一棵善草！

果然，艾達說了，有時，他們吵架，人家就如數家珍地一封封炫耀，什麼曾有個女孩，非常有才華，人又漂亮當年暗戀他，為他寫了多少首詩歌，他都沒理人家，後來，人家把詩歌集結成冊，還出版了，後來進了作家協會了！

艾達越聽越來氣，想想自己，這麼一個在家連碗都不刷的大小姐，自從跟他在一起，連幫地板拋光都會了！

他還這麼挑三揀四，站著說話不腰疼！真是越想越生氣！

你要吵，人家偏不跟你吵，關了門，打遊戲。

那天，艾達恰巧生理期來訪，肚子痛得滿床打滾，喊了男友半天，他都沒過來安慰她一句。

艾達心裡一涼，收拾行李搬離了男友的公寓。可隨後又捨不得放手，總想回去找他，總想打電話給他，總是怕他把她忘記。

都說，人愛深了，就會犯賤！

當時，艾達說到這裡，在場的所有朋友都對艾達恨鐵不成鋼！

女人們群情激奮，認為艾達錯就錯在心太軟，一致力挺艾達對男友「以惡制惡」、「鬥爭到底」、「先決而後快」！

眾姐妹一致認為，好男人得守，「壞」男人得處理。

其實，艾達絕不是嬌滴滴、毫無主見的柔弱小女子。工作上，她能力佳，眼光遠，幾次跳槽，職位越攀越高，得到老闆重用。她職場上得意，卻在情場上被男人捏得死死的。

那天我只告訴艾達一個辦法──先發制人。

《漢書·項籍傳》中項梁曰：「先發制人，後發制於人。」意思是，先下手取得主動，可以制服對方；後下手被動，受制於人。俗話來說就是，先下手為強，後下手遭殃。

艾達疑惑：那還不是跟她們說的一樣，「以惡制惡」嗎？

我說，的確是「以惡制惡」，但不見得要妳直接衝過去，搧人家耳光，砸人家電腦，或者用蘋果堵人家汽車的排氣管。這個「先發制人」要做得藝術，才不會顯得沒技術。

我曾用下圍棋比喻戀愛。

男女雙方各持黑白子，玩的是心理戰術，搞得虛虛實實，猶如兵家用詐術。你給我添麻煩，我給你下絆。這堵來堵去，絆來絆去，不斷碰撞出火花，這戀愛才談得有滋有味。尤其是，幾個回合分不出勝負，才真是「棋逢對手，將遇良材」，兩

人就越來越分不開了。

不過，看艾達的樣子，顯然是被對手完全牽制住了，這個戀愛法，注定糾結。

其實，我對圍棋不太懂，但明白一個基本的道理 —— 金角銀邊草肚皮。

許多剛學圍棋的人才會盯上棋盤中央的大片空白位置，孰不知，越是中央的位置，就越是劣勢，眼見站定的地盤，不知何時就被人悄然蠶食。

真正會下棋的人往往劍走偏鋒，在別人最容易忽視的角落去開出一片專屬於自己的領地，並且慢慢地向內拓展，以棋盤的邊角為天然的壁壘，用最少的棋子達到圍出最大最牢固的領地的效果。

這才是「先動」的最高境界。

占盡先機的並非是眼前所見的，而是從對方的盲點、弱處出發，尋得生機，將局面由被動轉為主動！

艾達的男友，說到底，就是個從小到大都被寵壞的大男孩，自私自利是常態，他不是不會想到妳，而是懶得迎合妳，懶得為妳改變自己。

他已經習慣於承接妳的好，習慣於挑剔妳。他不是不愛妳，而是在這種「被照顧與照顧」的關係中，他始終沒有站到正確位置，甚至沒有正式進入「男朋友」這個角色。

　　艾達們在埋怨、傷心的時候，是否也該想一想，是不是自己付出過多的愛與照顧，助長了他的公子脾氣？

　　其實，對付這種壞脾氣，沒什麼獨家祕密。就跟大人對付不聽話的孩子一樣，晾晾他，讓他知道妳存在的意義，給愛情一個緩衝期。

　　高密度地給予愛，並不能保證愛的高回報。

　　在愛情這盤棋局裡，男女博弈，不論是誰，時而輸時而贏才有樂趣。

　　總是喜歡占據「中心」的那個人，未必總是贏家。

　　從「角落」占據先機的妳，卻可以令他更著迷。

真愛的前提不是占有，而是彼此平等

　　週三的午後，尹先生約我在他的辦公室見面。

　　尹先生是某市某知名集團的主管，平日工作很忙，約我來他辦公室會面，也是考慮到自己公務纏身，臨時有公事也不會耽擱。

　　本來按照祕書排好的時間見面，可還是讓我等了近一小時。

尹先生姍姍來遲，連連道歉。

我笑說，沒關係，顧客是上帝。

尹先生開門見山地告訴我，他的現任女友比自己小 12 歲。

女友的容貌不是很豔麗的那種，但是很有氣質。

記得第一次見到她時，她當時穿著一套白色連衣裙，長髮披肩，雙眸含煙，純潔得簡直像一個仙子。他當時就被她迷住了，隨後，就對她展開了猛烈的追求。

交往不久，他強留她在家裡過夜，占有了她的第一次。這令他心裡更確定，她就是上天送給他的天使，他發誓要好好保護她，好好愛她。

如今，他們已經交往了半年。

35 歲的他事業正處高峰期，各方面已是個成熟男人，應該成立自己的家庭了。他想把婚事定下來，可女友的態度總是顧左右而言他，這令他很心涼。他開始疑惑，難道她不愛他，還是他愛她愛得不夠？

尹先生心裡很不平，他想到自己為女友付出的一切，從生活到工作，到她家人朋友的種種事情，都有他包攬。難道這樣愛她，還不能換得她的心嗎？

幾次酒醉，他問她想不想嫁給他，女友只是躲閃，遲遲不回答。他很生氣，失手打了她一個耳光。

酒醒後，他也很後悔，跟女友道歉。女友表面上接受了他

的道歉，可態度明顯冷淡了許多。那段時間，他每次約她出來，她總是以這樣那樣的藉口搪塞。

他感覺，他和她之間出現了第三者。

他僱私家偵探監視她的行蹤，果然發現了問題。

女友再次跟初戀男友見面時，被他當即捉住，他將她強行帶走。隨後，他們大吵了一架，甚至還提到了分手。

女友哭著說，她只是想找個人聊聊，她並沒跟初戀複合。她還告訴他，跟他在一起，她真的很累很累。

他不理解，他付出了這麼多，卻只換來她一句很累。

尹先生告訴我，他很後悔，那天不該提分手，他真的很愛女友，想挽回她。可是他再打她電話，再去找她，她總是不理會。他不知道自己該怎麼辦！

聽了尹先生的傾述，不難看出，他是個感情上強勢霸道的男人。

尹先生的敘述角度，完全是從他的主觀立場出發，絲毫沒有考慮過女友的心情和感受。

事實上，從他被女友吸引，到他們正式交往，到後來感情出現裂縫的種種表現，尹先生一直占據著主導地位。

他把他覺得對她好的、對她有用的，一樣樣為她做，一件件替她打點，連女友的家人和朋友的事情，也都由他包攬。

　　尹先生的這種全方位包圍式的給愛方式，不但沒將女友的心抓得更牢、更緊，反而，令女友怕得想逃！

　　女人是無愛不歡的感性動物。

　　女人期待愛。

　　每個女人都希望自己時刻被男人的愛包圍呵護著。

　　乍一看，尹先生似乎正是這樣做的。但從本質上分析，尹先生在為女友做任何事的時候，都是以自己的了解來決定做什麼不做什麼，所有的行為，都是以他的價值取向和興趣方向為標竿。在他的潛意識中，他為女友做什麼，是完全不需要徵求她意見的。

　　男人，尤其是在社會中各方面都出色的成熟男人，在面對女人的時候，總會在潛意識裡存有優越感。這種優越感，使得他們容易忽略掉兩性交往中許多非常重要的元素，譬如：平等，寬容，理解，尊重。

　　男女關係是否能做到平等，完全取決於彼此是否能做到相互尊重。

　　維利爾斯（George Villiers）說過，一切真正的愛情的基礎都是互敬。

　　做不到互敬的愛情，又怎是兩情相悅的真愛？

　　尹先生恰恰沒有意識到這點。

　　一方面他對女友的愛是真摯的、濃厚的，是付出在先的；

另一方面，他又在無形地禁錮、傷害著女友。

他覺得，自己比女友年長 12 歲，學歷比她高，閱歷比她多，社會地位比她高，他不能見女友受騙吃虧，更不能讓她走彎路，錯失大把良機。於是，他運用自己的關係網，撐開保護傘，為女友護航。

他用自己的愛將女友仔細包裹起來，使她不受傷害，然而這一層層的保護膜，卻將她封閉其中，令她壓力倍增，感到疲累窒息，同時，也讓他與她的愛情失去了自由呼吸的力量。

這樣的愛情又怎能有活力？

顯然，尹先生首先需要清楚的不是如何挽回女友，而是如何矯正他愛的姿態。

不要把兩個人的愛情當成一個人的秀場，更不要以愛為由，強勢地將情人圈養起來。

否則，這種行為就好像家長為了保護自己的孩子，要他們不要玩火，不要碰電，不要跟陌生人說話，不要去哪個地方玩，他們不在家的時候，就將孩子鎖在家裡。

但女友不是孩子，她是個有想法、有理想的女人。

相愛相愛，是相互索取付出愛。

這種交付，是兩人站在同一條地平線上的，而不是某個能力強的人站在雲端，一味施捨，恍如救世主；更不是能力弱的那個人，俯首叩拜，一心承接，心念感激。

　　而尹先生的思維裡，正是把愛看成是他單方面的付出，女友單方面的得到。他以為，只要她滿心歡心地接受，就是對他的愛了。

　　他簡直把女友當成孩子來養了！

　　這種認知模式多麼可怕！

　　這種愛情，久而久之，只會令他愛得好辛苦，她被愛得也好辛苦。

　　當然，造成這種不平等關係的，不僅僅是尹先生的責任，他女友本身也存在問題。

　　女友在接受這段感情時，總是處於被動。從開始，在各方面占盡優勢的男人對心儀女人的占有顯得遊刃有餘。甚至強留過夜之後，女人也只是順從了這段關係的確立，一方面確實是動心了，另一方面也存在著無可違抗的心理。

　　這種「欲拒還迎」姿態和心態，都令男人更加確定了這個女人的軟處和短處，更將她視作重點保護對象。

　　我愛她，她的一切都是我的，我做的一切都是為她好。她不需要懷疑。

　　男人秉承這種意識去愛一個女人的時候，就難免忽略了女人的獨立性，從而忘記了平等互敬。

　　愛，是一盞兩個人共同擦亮的阿拉丁神燈。

　　要愛，就先給她平等的關愛吧。

聰明人從不企圖在愛情中爭奪主導權

那天，我一個在社區工作的朋友突然打來電話，說有個女孩跑到十幾層的樓頂準備自殺，叫我趕去她那裡。我一路擔心，十萬火急地趕到現場時，所幸女孩已被救下。

此時，女孩被她男友抱在懷裡，情緒仍不穩定。朋友悄悄對我說，剛從女孩父母那裡得知，這女孩還曾經鬧過臥軌、跳河、酒駕等等。

一週後，我在商場與女孩不期而遇。我邀請她坐下來聊聊。剛坐下來，女孩就拉起衣袖，給我看她手臂上的傷疤。那些傷疤有的是割傷，有的是燙傷。傷疤顏色深淺不一，新傷舊傷都有。

她直截了當地告訴我：妳看見了嗎？我不需要妳勸，我就是要讓他聽我的！不許他離開我！不許他喜歡別人！那天，我是做錯了，可是他不能對我吼！只有我吼他的份，沒有他吼我的份！我愛他，他就該全都聽我的！我是他女朋友，他就該處處讓著我！

其實之前，我從女孩父母那得知了一些事情。女孩跟男友在念國中的時候就戀愛了，從 15 歲到 22 歲，吵吵鬧鬧，分分合合，女孩的性格越來越暴躁、敏感，先後因為男孩見異思遷做過自殺的傻事，有一次還喝醉了，把她父親的貨車開出去，

險些造成嚴重交通事故。女孩告訴我，她不後悔，因為這一切都是為了愛情。

那麼到底什麼是愛情？

我們會說，愛情就是兩個人惺惺相惜，不願分離；愛情是氧氣，是生命，是荷爾蒙的強烈碰撞。至今為止，科學家研究出的結果，認為愛情可能只是古老的神經肽和神經傳導物質的混合而出現的一種東西。

也就是說，愛情是一種神經物質導致的精神病。這種說法並非沒有道理。

人在陷入愛情之後，會變得遲鈍、變傻、變得瘋狂。女孩陷入愛情中，她對男友的占有欲和控制欲，使得她誤解了愛的含義，做出了許多瘋狂的舉動。

我問女孩：如果他煩了，怒了，不想向妳認錯，或者乾脆不理妳呢？

女孩大叫：他不敢！他如果敢那麼對我，我就讓他好看！就像那天，他不照樣求我原諒嗎？

女孩並不明白，愛得偏執就是一種自虐的癲狂。女孩以自己為砝碼脅迫男友的舉動，就如同唐僧口中不斷念的緊箍咒，勒痛了對方的腦袋，同時，她的心也很痛苦。

以這種虐愛方式來爭取愛情中的主導權的想法是要不得的。而所謂主導權，不過是現代文明將政治經濟領域的概念附

加給愛情的一個定義。事實上，愛情真的存在主導權嗎？

愛得更深一些，主導權就被對方占去？控制他的所有，主導權就握在自己手裡？錯的一方必須跟另一方認錯？對方不肯低頭，就以自己的生命來脅迫？這並不是健康正確的愛情觀。

現代女性崇尚「我的愛情我做主」。這個概念有積極也有消極的方面。積極的部分是，女性對於幸福的追求有了更為主動向上的意識；消極的部分就是，有些女性會在處理戀愛關係時，過分運用和過度理解這個概念。

自我主導愛情不是讓自己牽著男人的鼻子走；也不是不管做什麼，對錯尺度由我來決定；更不是所有事情都由我說了算，男人請閉嘴。「一言堂式」的愛情並不能樂趣多多，更無法天長地久。從女孩的身上，我倒是看見了危機多多，傷害多多，弊病多多，這樣把男友逼分手是遲早的事！

歷史教授在電視節目裡講了一則武則天爭取愛情主導權的故事，非常有趣。當初，武則天進宮許久都沒得到唐太宗的注意，她特別心急。有一天，唐太宗在一群妃嬪簇擁下來看馬，武則天當時就在這些妃嬪之中。

唐太宗瞄中了一匹獅子驄，讓身邊的妃嬪開開眼界。這獅子驄顧名思義，鬃毛長得像獅子，性子暴烈，沒人能馴服牠。唐太宗看了看眾妃嬪，問她們誰能馴服這匹烈馬。其他妃嬪都低下頭，只有武則天自告奮勇，說她能！唐太宗著實吃了一驚。

又聽武則天說要三樣東西 —— 鐵鞭、鐵錘、匕首，唐太宗又吃了一驚！

武則天說，獅子驄脾氣太烈，不能用慣用手法搞定，必須先用鐵鞭抽牠！如果牠不服，就用鐵錘敲牠腦袋！如果再不服，我就一刀捅了牠！聽完武則天的解釋，唐太宗再吃一驚，看看眼前的嬌媚小女孩，大呼：這殺氣太重了！心太黑了！三驚過後，唐太宗徹底對武則天失去興趣了！武則天的首輪主導以失敗告終！

可見，強勢的女人令男人生畏，同樣，強勢的戀愛心理，也讓男人想退。那些交給女人掌握愛情主導權的文章，表面上說的是爭奪主導權，實則是「不爭而爭」的愛情態度。當我們在試圖爭奪「主導權」的時候，首先應該明白，愛是理解，是包容，是相互融合、彼此呵護，而不是黨派紛爭的黨同伐異，更不是專家學說的去偽存真。

戀愛裡的大事小情，沒有絕對對錯，即便是真的做錯了，也用不上登上刑事法庭。誰暫時主導了，誰被主導，不需要那麼較真！

你該清楚，戀人之間，誰對誰錯，並不重要，誰占主導、誰被主導也並不重要，重要的是 —— 相愛！

做個聰明人，不要企圖在愛情中爭奪主導權！

不是每件事情，都可以上升為「愛不愛」

妳到底愛不愛我，我不知該說些什麼。妳到底愛不愛我，撕掉虛偽也許不會難過！

有這樣一個男人用如此深情的歌喉問妳愛不愛他，我想90%以上的女性都會說：愛！

事實上，現實生活中的男女交往，很少有男人會這樣問女人：妳愛不愛我。只有當他難以掌握這個女人或者剛剛失去這個女人的時候，他才會如此痛苦糾結地將問題丟出，期許女人能給予他想要的答案。

然而，女人的情感世界，卻比男人的情感世界更充滿想像與疑問。

面對男人，她問過最多的問題就是 —— 愛不愛我？

那個午後，麗莎身著一件炫色花紋的連衣裙，坐在我對面的沙發。

麗莎在某外國企業做文書，雖然還不到「白富美」的標準，但個人魅力從未被懷疑，從小到大，追求者都在二位數以上。

待麗莎說到自己和男友的事情時，她周身的炫色立即轉為淡灰。

麗莎告訴我，男友是另一家公司的主管，工作能力很強，人又帥氣、多才，她與男友已交往了半年多。

可是同居後，問題就來了。當麗莎還在幻想將來的美滿幸福時，她卻不斷與他發生矛盾，這令她對這份感情產生了懷疑。

他不喜歡吃我煮的飯！每次我主動請纓煮飯，都被他半開玩笑地搪塞過去，每頓飯都是他按照自己的口味做的，做好了，就喊我吃飯，從未問過我喜不喜歡，也從未想過，我為了他，偷偷學做了一個月的菜！

上個月，我一個同學從國外回來，之前，我在網路的時裝發布會上看見一款凡賽斯襯衫，很襯托男人氣質，就拜託同學帶回一件。為買這件襯衫，我花了一個半月的薪水！結果滿心期待地拿到他面前時，他卻只淡淡地說了句謝謝。後來我幾次讓他穿上，他都說以後再穿！

還有那次，因為上司處事不公，我一時沒控制住情緒，跟上司吵了兩句，他聽見風聲，趕忙從他公司趕過來，又是跟我上司道歉，又是數落我一頓。我衝出公司，坐在路邊哭了許久，他才找來，見到我之後，就只知道責備我。

我心裡難受極了，他還在跟我講大道理！我要的是他的安慰和溫暖，他卻當著公司所有人的面跟著別人一起貶低我！還有許多許多事情，都說明他根本不會從我的角度出發思考問

題。他這麼自私，他根本不愛我！

用了大概一個半小時的時間，我終於聽完了麗莎的故事。

麗莎的心裡，存在一個認知錯誤，就是她喜歡直觀地將各種細節拼湊，一點一滴、一絲一縷地拼湊成一個巨大的、沉重的問題。

最後，她發現這個問題就是 —— 他不愛我了！

回想下之前麗莎說過的那些細節：第一個，男友喜歡自己做菜，並讓她吃他做的菜；第二個，男友對她買的襯衫不太滿意，拒絕穿；第三個，男友幫她調解與上司的矛盾，責備她。

逐一從另一個側面來解讀這三個細節。

第一個細節說明，男友對自己的廚藝很自信，或許是對女友廚藝缺乏信心，或許是怕勞累女友，所以，他選擇自己動手豐衣足食。

第二個細節說明，男友已經對自我形象包裝具備完整理念。他對衣著的選擇很有自己的一套，而且不輕易改變。

第三個細節說明，男友希望用自己的處事風格和方式影響她，讓她在處理人事交際上更成熟些。

這三個細節，並不足以說明男友是否愛她，卻能肯定一點 —— 麗莎的男友不是一個特別會哄女孩子的男人，在兩性相處中，缺乏彈性和靈活性。

雙方在交往中都有問題，女人的感性沖昏頭腦，男人的理

性凍結了戀愛技巧。

很有可能，麗莎的男友生搬硬套了管理下屬的那一套技巧來處理與女友之間的關係。他覺得麗莎不擅廚藝，就自己上手；他認為麗莎的品味不好，就堅持不穿她買的襯衫；他覺得麗莎問題處理得不對，就當面責罵。

男人拿這一套公司管理理念來管理男女情感關係，女人不迷糊才叫意外呢！

當對他有感覺的時候，女人心裡就會問：他會不會喜歡我？他感覺得到我的心意嗎？如果我主動告白，他會不會拒絕我？

當兩人正式交往了，她又會問：我今天的打扮他喜歡嗎？我今天的話是不是說得太多了？剛才分開時，他的眼神是不是想要吻我，還是想到我家過夜？天哪！那也太快了吧！

直到兩人的感情相處到一定程度，女人的疑問也沒能減少。

他最近開會有些頻繁呢，是不是真的開會啊？他早上沒有吻我就走了，是不是覺得在一起了就不需要浪漫了？我今天穿的連衣裙，他看都沒看一眼，是不是對我審美疲勞了？

女人吶！終其一生都在糾結自己在男人心中的位置！

所有的疑問，所有的猜忌，所有的質疑，都是圍繞一個主題 —— 你愛不愛我？

　　女人喜歡把「愛我愛我」放在嘴邊，以向男人索求更多的愛。可不論男人付出多少愛，她們還是會把「愛不愛我」的疑問塞滿腦袋。

　　這就是獨屬於女人的怪誕心理學。

　　女人這種感性動物，但凡沾上了愛情，就更不懂得用理性思維來分析和處理事情，凡事都要與愛不愛連繫在一起。

　　這不能怪罪女人，因為她們的世界從來都是以愛為主導。尤其是陷入愛情之中恐慌而執迷的女人們，這種單細胞疑慮神經會越發嚴重。

　　而男人則不同，他們能夠做到理性分析，一事歸一事，不會閒著沒事把什麼都拔高到愛不愛的問題上。

　　換個角度想想，不要把所有事情都歸結於愛情。

　　降低高度想想，愛情其實並不像妳想的那樣要隨處去抓細節、隨時尋找憑據，其關鍵在於，你和他都要學會怎樣愛。

學會曖昧地矜持，讓他保持進攻狀態

　　那天，在網路看見一則令人吐血的文章，說在原始社會，男人用木棒將看中的女人打暈，然後趁勢將暈倒的女人拖至自

己的山洞裡，洞房花燭。這就是最原始的結「昏」、「洞」房。如此「真相」被網友廣泛傳播開來，也說明大部分人都認為男人是進攻型動物，女人是被掠奪型動物。

現代戀愛遊戲裡，並不存在單純的進攻或者單純的被掠奪角色。在一段交往中，不論哪一方都有攻有守才有情趣。然而，進攻或是掠奪，我們常常卻掌握不了尺度。

我在生活中，曾認識過兩個性格截然不同的女孩 —— 小嵐和小倩。小嵐性格內向靦腆，而小倩則性格活潑開朗。她們在感情中就遇見了這樣的問題，上星期，兩人雙雙遭遇了失戀。

小嵐的問題在於她不懂男女間的攻守法則，將戀愛完全交給男人掌控。而小倩則進攻力太強，有種反客為主的感覺，把男人驚到了，嚇跑了！

戀愛中，大部分情況下，男人喜歡追的過程，女人喜歡被追的感覺；男人滿足於征服的成就感與快感，女人痴迷於被擁有和被愛包圍的安全感。當這兩種感覺相輔相成和諧地融入彼此的心裡時，愛情就生成了。

那麼，男人喜歡追求什麼樣的女人？

太難追的女人，就像高山峻嶺，令人望而生畏。這樣冷豔孤絕的女人，看著就讓人有高處不勝寒的感覺，還有幾人肯追？太容易被追上的女人，就像草原，一馬平川，毫無波折起

伏，令人覺得乏味，這樣兩人牽手沒走幾步就會審美疲勞，男人早晚會轉身溜掉！

事實上，男人們大多喜歡追求那些看似好追實際追起來又有些難度的女人。這樣的追求更有樂趣和驚喜。這種女人並非有什麼超出常人之處，只是她們更懂得男人的心理，知道摸索和控制男人試探進攻的觸角。她們時而迎合男人的進攻，時而設下路障，時而撥開雲霧見明月，時而又那人卻在燈火闌珊處。總之，她們時鬆時緊，進退自如，不會把好東西給男人一口吃個飽，更不會慢吞吞、淺淡淡，讓人感覺索然無味。

80後的我，小時候吃過一種糖，這種糖很奇怪，鹹甜酸辣苦甜盡有，只有堅持到最後的人才能體會到裡面的「甜」。其實，吃到最後，讓我留下最深印象的不是甜味，而是這幾種味道在味蕾間此起彼伏的波動帶給我的驚喜。我一直覺得這個糖的設計者很有誘人手腕。

男女間的交往，同樣需要這種手腕，在「主動」與「被動」中，生起情趣波瀾。「主動」不代表妳要熱情如火、迎頭猛撲，讓男人整天感覺甘甜如飴。偶爾地冷，曖昧地拒，間或給他吃點苦頭，他會對妳更有興趣。

主動進攻一個男人，不如勾起他的進攻意識。一個太容易被追上手的女孩，總會遭到男人的無情拋棄；一個太沒主動性的男人，總會遭受女人鄙夷的眼眉。一個太主動的女孩，容易

被人誤解為瘋子；一個太過主動的男人，會被人叫做色狼。主動與被動，是男女在戀愛中都要修行的一門技術課。

女人們需要明白的是，主動與被動並非是相對立的兩面。有時候，主動亦是被動，被動亦是主動，而這完全在於妳如何掌控和發揮曖昧的矜持技術。

馮夢龍在《三言二拍》裡記載過一個狐妖傳授如何「欲擒故縱」的故事。

一個少婦，她的相公自從娶了小妾就冷淡了她。於是，每日愁苦的她，為打發無聊，就到隔壁鄰居家聊天。隔壁住著的美婦聽聞她的遭遇，很是同情，於是決定幫幫她。美婦叫少婦回去，換成傭人穿的粗布衣衫，拿一把掃帚，去庭院裡打掃。少婦照辦了。當相公和小妾從庭院經過時，相公果然比平時多看了她幾眼。

幾天後，美婦又教給少婦許多化妝和打扮的技巧，將她打扮得非常美豔，然後囑咐她為相公做一頓飯菜，必須親手端給相公。美婦要她記住的最重要的一點是，將飯菜端去之後，不管相公如何挽留，她都必須馬上離開，如果當晚相公來敲她的房門，千萬不要開門。少婦雖然照做了，但心裡還是有些疑慮，為什麼人都到門口了還不叫他進來，這工夫不是白下了嗎？美婦沒有直接回答她，又教給她一些房中術。幾天後，美婦終於點頭，告訴少婦，如果今晚相公再敲她的門，她要先假

意婉拒，隨後再開門。果然，當晚少婦終於得到了久違的魚水之歡。後來，有人傳說，美婦原來是狐妖。

不難看出，狐妖教給少婦的就是欲擒故縱、欲迎還拒、以退為進的伎倆。這些看似被動的「主動」策略，步步為營，環環相扣，退一步進十步地將局面牢牢掌握在手中。這個過程中，需要掌握好矜持的最好力度，既不要冷過了頭，將對方拒之千里，也不要令對方被自己的熱情弄得懶得進攻。

生活中，願意動動腦、用用心的女人，總是活得更精緻優雅。愛情中，會動腦、用心的女人，總是愛得更如魚得水，有情有趣。

愛他，想被他愛，那就讓他保持高度進攻的狀態。

學會曖昧地矜持，你將事半功倍。

第三章
當情緒化遇見理智化，
你什麼時候才跟我說：
「對不起？」

相愛也是兩個人：尊重和你不一樣的邏輯

林語堂在《女論語》中說，感覺是女人的最高法院，當女人將是非訴於她的「感覺」之前時，明理人就當見機而退。

林語堂先生說的「明理人就當見機而退」，每個男人對外處事大多能做到，但對內卻未必做得來。因為他們「懂」理，就習慣處處要跟自己的女人講理。孰不知，跟女人講什麼都不要講理。當你決定跟女人講理時，你就錯了！

而女人們呢，處理其他事情靠感覺判斷，處理感情關係就更是如此。

男人不理解女人的邏輯，女人同樣不懂男人的邏輯。

一本雜誌上有這樣一則令人噴飯的小故事。

一對剛剛同居的小情侶，在女孩生日那天，說好晚上一起出去吃飯。白天，男孩在家看電視，女孩被朋友叫去購物。一shopping 起來，女孩就忘了時間，回來晚了些，見男孩悶悶不樂，她有些緊張，忙上前解釋、道歉。男孩說他沒事。

兩人出去吃飯時，男孩還是默默不語，一臉不高興，女孩一個勁地賠小心，回來的路上，還主動吻了男孩，說她愛他。結果男孩還是冷淡淡的，也沒再說他也愛她。女孩的心真是冷冰冰的，滿腦子的疑問 —— 這是為什麼呢？

回到兩人的小家，男孩就窩在沙發看電視，女孩走過去幾次示好，男孩都沒理會。女孩非常失落，一個人靜悄悄地上了床。男孩看電視看到很晚才上床，上了床就愛撫親吻女孩，隨後兩人還相處了一下。

溫存過後，男孩翻身睡去。可女孩的心情並沒有好轉，反而更淒涼了！他怎麼這樣？以前，他都摟著我說會話的，可現在這麼冷漠，是不是不愛我了？完了！悲劇了！女孩慘兮兮地默默落淚，卻全然不知道，使得男孩一整天不快樂的，是他喜歡的義大利隊輸了球賽！這跟她半點關係都沒有！

這故事說明什麼？

男人注重事件，女人注重感覺。男人注重的事件是就事論事的，女人注重的感覺是聚焦男人的。

尤其是戀愛中的女人，最愛把男人身上不論是有意還是無意間散發出的所有氣息，都通通與自身連繫在一起。

看見男人莫名其妙地笑，女人就想，他為什麼這麼笑？是外面有情況了，還是覺得我今天這身打扮很傻？

看見男人發呆，女人就想，是不是昨晚我的表現不好？他對我失去興趣了？他怎麼總是恍神？是不是看見我沒心情了？

看見男人心情不好，女人就開始在自己身上找問題，挖掘線索：是不是我做錯了什麼？說錯了什麼？還是上星期，我說了他妹妹品味低，他還在記仇？

這種問題真是不勝枚舉。所以說，男和女，真是不一樣。

前陣子，朋友的堂姐在鬧分手。問題的始末有點滑稽。

朋友的堂姐三十有餘，老處女一枚，年紀不小，眼光蠻高。家裡人為她的終身大事急了好多年了，但堂姐對幸福是有個人主見的，如果沒遇見好的，寧可不嫁，也絕不湊合。

最後，挑挑揀揀，終於遇見了好的。兩人年紀相當，脾氣相投，甜蜜地交往半年，就把婚事提上日程。

誰知，就在布置婚房期間，兩人鬧了矛盾，而且越弄越僵，最後到了要分手的地步！

堂姐悔婚，這掀起了兩家人的風浪。特別是堂姐家人更是心急如焚，好不容易要嫁了，這怎麼又鬧啊！

朋友連忙叫我勸勸堂姐，可別因小失大，丟了終身幸福！

我說，把他們兩人都請出來吧。

於是，那天朋友做東，請堂姐和未來堂姐夫吃鴛鴦火鍋。

一個多小時的四人飯局，我終於徹底把問題搞清楚了。

問題的癥結，就是因為新房的燈。

堂姐是做服裝設計的，對審美很有自己的一套。對未來夫家選擇的燈飾，她實在是看不順眼，於是私自做主，按照自己的設計理念，重新跑了 N 次家居店，終於把新房裡所有她看不慣的燈都換了下來，結果裝潢支出超出一大部分。

堂姐夫看到了，有些不舒服，倒不是捨不得錢，主要是，這事，她連先斬後奏都沒奏！

這明明是兩個人的家、兩個人的事情，她怎麼這麼自私，這麼不講理！

堂姐則認為，家是兩個人的家，她當然要盡一份力。她看見燈跟整體設計風格不符，其他人又不懂設計，她要跟誰商議？再說，買燈的錢是她自己出的，跑家居店跑得她腿都要折了，沒有功勞也有苦勞吧，怎麼就不能理解她這份心呢？

兩人因為幾盞燈越吵越激烈，誰都不肯讓，後來堂姐連婚都不願結了！這讓堂姐夫一時蒙了，卻又不肯低頭認錯。

這樣就陷入了僵局。

從整件事上來看，焦點在幾盞燈上，展現的卻是兩個方面 —— 男人要的是尊重，女人要的是關愛。

堂姐沒有詢問堂姐夫的意見，甚至都沒告知對方，就私自做主把新房裡的所有燈都換了。不管對方懂不懂設計，兩個人的事情，對方應該有知情和參與的權利和義務。你把擅長做的事情包攬了，沒有錯，但讓對方知曉，這是最起碼的尊重。

而堂姐夫一再說堂姐自私、不講理，其實，他沒有看到事情的「情」，只看見了「事」。堂姐這樣做，是因為她對新房的布置有要求，也就是對未來的新生活充滿憧憬。她對新房投注精力財力，是她對家的期許和愛，這份期許和愛，也是對這個

家男主人的。

我指著面前的鴛鴦火鍋，問堂姐和堂姐夫哪個口味最好？他們支吾了半天說不出。

當然說不出！喜歡吃辣的人，會說辣的好吃；不喜歡吃辣的人，就會說不辣的好吃。

仁者見仁，智者見智。事事沒有絕對的對與錯，世間更不存在一把衡量萬物的不變標尺。

男人理性，女人感性。發生矛盾時，男人句句要求講理，女人字字要有情有義。這兩種邏輯碰撞到一起，不熱鬧才怪呢！

或許，男人的思維邏輯更合理一些，女人的邏輯更合情一些。

合情也好，合理也罷，凡事都摻雜著情與理，分也分不清，男人與女人的兩種思維邏輯就更讓人分不清誰高誰低、誰對誰錯、誰好誰壞。

美國有本談交流的書，第一章就開宗明義：你必須確立一個觀念 —— 你交流的對象，不管是同學、同事、父母、師長，還是親人、談判對手，你都不要認為他和你是一樣的人。在同樣的情景面前，你看到的，他們可能看不到；他們看到的，你可能看不到。他思考的邏輯也和你不一樣。不管他和你多麼不同，你都要尊重他。學會交流，就是學會尊重和你不一樣的邏輯。

所以，即便你們相愛，也是不同的兩個具有獨立人格的「自我」。

要愛，就要記得先尊重。

尊重他，尊重他與你不一樣的邏輯。

有時候，寬容比改造更重要

週末上午，安妮打來電話約我出去逛街。

安妮最近很忙，身為準新娘正忙於購置嫁妝，拍攝婚紗照。沒想到一見面，安妮忽然對我說，不知道還要不要嫁給這個男人。

安妮說，交往的時候，覺得他各方面都挺好，自從打算結婚，上個月就跟他住在了一起，可是沒想到，這一同居，問題就來了，他不衛生，穿過的襪子，隔天又拿起來穿！

還有，他總是吃那些方便食品來應付一日三餐，我要做，他也還在一邊說等結婚後再開伙，現在就這麼一頓頓地做多麻煩！

還有，他週末的晚上就打通宵遊戲。我下載了愛情片，買了零食喊他陪我看，可喊了半天他都不理人！

還有，他喜歡裸睡，這個我可受不了！我在家睡覺的時候，可都是穿得好好的！

你說！他這麼多毛病，我將來可怎麼跟他生活在一起？想想就心煩，我真擔心以後跟他過不下去！我可不想離婚！

安妮的表情越來越凝重，她居然還想到了「離婚」！我耐心地聽完了她的傾訴，說：小姐！現在是讓妳跟一個活生生的大男人過一輩子，不是跟一臺 ATM 過一輩子！是人都有缺點！就算 ATM 還有事沒事出問題，沒完沒了地吐吐鈔票玩呢。

其實，我的意思是說，安妮的完美主義又發作了！

安妮的男友我也認識，一個很不錯的青年，人長得精神，幽默風趣，對人熱情，又孝敬父母，對安妮更是百依百順。談了兩年戀愛，好不容易兩萬五千里長征就快結束了，就因為婚前同居的這一個月裡，暴露了眼前的毛病缺點，就被安妮一腳踢出局，真是不應該。

我為安妮的男友抱不平，安妮跟我急：妳怎麼幫他說話！

我笑：傻妹妹，我幫他說話，就是在幫妳說話啊！這麼好的男人妳不要，損失的可是妳！

妳說的那些毛病，幾乎每個男人都會有！而且，很有可能別人的毛病更多呢！是人都有毛病，都有缺點，就算名人、偉人也有這樣那樣的毛病。有些人的毛病奇異古怪，有些人的毛病見怪不怪，只要不影響正常的婚姻生活和交流，妳又何必大驚小怪？

安妮苦惱地說：可我想讓他改好啊，他卻只堅持了半天，就又馬上原形畢露了。

我笑：二三十年落下的毛病，因為妳幾句話就改了？太天方夜譚了！妳這個喜歡杞人憂天、多思多慮、完美主義的毛病，現在叫妳馬上改了，妳能做到嗎？己所不欲，勿施於人。

隨後，我跟安妮講了一件真實的事情。

一次，我到外縣市一個朋友家做客，她的鄰居是一對外國夫妻。這對夫妻很喜歡中華文化，就租住了我朋友隔壁的房間。

當時，先生聽說我是研究婚戀心理的，就很有興致地跟我聊了起來。他說，他跟他老伴一起生活了二十幾年了，剛結婚的半年裡，都在為一個東西爭吵。

我問：什麼東西？

他笑了笑，說：馬桶蓋！

這答案著實把我噎了一下，我預感老先生的故事很有意思，於是，繼續聽他說下去。

老先生說，剛結婚，他和老伴就因為馬桶蓋是該開著好還是蓋上好爭執不休。他覺得馬桶蓋開著可以保持通氣順暢，再說，使用也方便。他太太則認為馬桶蓋應該蓋上，因為那樣才美觀。

兩人各持己見，誰都不肯讓步！在蜜月裡，兩人因此事也不說話了！

太太也賭氣，做飯沒有他的份，洗衣服也沒他的。他呢，氣咻咻地搬到客房裡睡。

這樣冷戰了一週，兩人都堅持不住了，又和好。

可是馬桶蓋的事情還是沒解決，兩個人，覺得開著好的還是開著，覺得蓋上好的還是蓋著。

剛和好時，還能容忍，時間一長，太太就又嫌棄他把馬桶蓋開著不好，兩人又為此事吵起來。就這樣反覆地折騰了半年，雙方終於都消停了，誰都不再管誰了！

該死的馬桶蓋，願意開著就開著，願意蓋著就蓋著！

這下天下太平了！

不糾結了，兩人反而過得輕鬆自在，感情也更甜蜜了。

老先生笑笑說：想起那時的爭吵真是幼稚，不過還好，後來，我和她都吵厭煩了，也就都睜隻眼閉隻眼了！夫妻間相處，重在寬容！一點點小毛病，沒必要那麼較真！

太太也說：我愛他，他愛我，我們總不能傻到因為一個馬桶蓋就選擇分手吧？

是啊！

總不能因為他不洗襪子就提分手吧？

總不能因為他不愛做飯就不結婚吧？

總不能因為他喜歡裸睡就不嫁給他了吧？

這樣的分手理由妳想得出、他接受了，那才叫詭異！只能說妳和他都有病！

每個人有每個人的生活習慣，交往中的男女在相識之前，處在不同的生活環境和軌道上，彼此的身上都日積月累了這樣或者那樣的毛病。一方強制對方，把已經存在了二三十年的毛病在當下立即改正，那實在是太不人道了！

兩個人在一起，不是為了使對方更優秀、更完美，而是為了比一個人生活更幸福、更快樂。

妳把全部精力都放在為對方糾錯、敦促對方改錯上，那樣只會讓妳變得越來越苛刻、越來越不可愛了。愛情是經受不起這樣精細的折磨的！

當然，對對方的健康、安全造成極大危害的毛病和壞習慣，計較是必須的，必須勒令他改正！

但某些無傷生命、無傷大雅的毛病，妳又何必揪住不放？

別把 QC（quality control）的精神拿到愛情裡來，愛情不是生產作業製造出來的產品。愛情是藝術品，需要你和他用愛與寬容來摸索成型。

你實在看不慣他的某些毛病時，也多想想自己身上的毛病吧。

沒有人是完美的，我們也沒必要刻意去完美。我們只要好好地相愛，在一起，就足夠了。

　　若糾結了，想不開了，那就試著睜隻眼閉隻眼吧，別總想著改變誰！

　　學著寬容一些。別讓「雞蛋裡挑骨頭」的毛病成為你們幸福的絆腳石，那真的不值！

即使形影不離，也要讓彼此有自己的空間

　　上個月，禁不住朋友引誘，我被她拉去看日月潭。

　　到達飯店的傍晚，朋友發覺隔壁住著位長相酷似王力宏的單身旅客，忙過去搭訕。我一個人無聊，就出外走走，看看海島景緻，結果與凱琳不期而遇。

　　凱琳是自己一個人來旅遊的，她性格很開朗，看見我也是一個人，就與我聊起天來。沒想到這一聊，居然發現彼此有許多共同點。我們都喜歡在網路看名牌，看唐綺陽的星座節目，看各種八卦娛樂新聞。

　　但在聊天期間，凱琳的手機不時響起，頻頻打斷我們的談話。

　　凱琳有些不好意思地說，是我男友在發照片給我呢！

　　說著，她把手機上的照片翻給我看。照片中的男人高大帥

氣，身後是艾菲爾鐵塔。

我不禁大叫：哇，妳男朋友在法國？浪漫國度！時尚之都！妳怎麼沒跟去？

凱琳笑笑：我來這裡看日月潭不是也很好嗎？

我問凱琳：妳男友這麼帥，妳就不怕他旅遊時被迷人的法國女性搶走了？

凱琳很瀟灑地甩甩頭髮，告訴我：注定要發生的，妳躲也躲不過，對對方不信任，對自己魅力沒信心，就算他守在妳身邊，也是照樣會劈腿的！

不得不承認，凱琳說得很有道理。可我還是不懂她和男友分開旅行的行為。

凱琳笑著告訴我，其實這是他們兩人共同想到的愛情保鮮方法。

之前，兩人交往，總是恨不能時刻都拴在一起。相親相愛無間的交往，為愛情帶來濃郁的滋潤，同樣也引來不少摩擦煩悶。

比如，男友喜歡看 NBA 籃球賽，她喜歡看狗血愛情劇，每次她拉著他陪看電視劇，他都左擋右擋，最後還得她動用武力才把他捆綁到身邊。她是滿足了，之後的若干天，卻聽見男友不斷埋怨，錯過了那場現場直播的比賽。

比如，她報了健身班，教練是個肌肉威武男，待人很貼

心，男友不放心，於是也報了健身班，時刻監督，搞得她健身沒有成果，倒是把男友累得瘦了好幾公斤。

還有很多很多，就是覺得越相戀，越不自由，越不快樂了。

後來，凱琳和男友總結出距離產生美。

所以，每隔幾個月，他們就會暫停一下同居生活，各自搬出「愛巢」，回到自己的小天地裡，像以往一樣，約會、吃飯、看電影，卻不住在一起。偶爾失去聯絡幾天，再次相見，總會增添不少眷戀。

這次，兩人同時休年假，一個決定去法國看艾菲爾鐵塔，另一個決定來南投看日月潭。

凱琳說：這樣分開旅行，既看了自己想看的景色，還幫對方做了實時導遊，花一個人的旅費，遊覽兩處地方。不僅如此，這種若即若離的距離，其實更有益愛情身心，豈不是一舉多得？

嗯！的確很有想法，很有智慧！

而像這樣處於愛戀中能懂得愛情智慧的人我也曾見過。

一位愛玩「小聰明」的女孩，每次煮咖啡給男友都只放一半方糖。超市買來的方糖都是整塊的，為此，她要先將方糖弄碎。

有一次見她這樣做，我禁不住感嘆：妳可真體貼，現在很少有女孩子這麼費心思控制男友的攝糖量了。這樣的小動作，

卻可以減少妳男友得糖尿病的機率。

她笑著對我說：這是其中的一個原因，還有更重要的一個原因是，我想讓他記住我煮的咖啡跟別人的不同。

女孩接下來跟我說了她與男友相處的「半糖主義」事件。

起初，她不過是男友眾多備胎中的一個。對於倒追，不過是女孩以主動的姿態，得到被動的地位。尤其在優秀男人的四周，充滿異性誘惑，走出倒追第一步，的確需要勇氣和智力。

那些倒追的女孩，多半是採用全方位的猛追；而她呢，反其道而行之，不但撩起了男人的好奇心，居然還讓男人主動約她。

交往後，她總是記得，用「半糖」甜度滋潤出兩人的感情，而男友反倒覺得她有個性，有魅力。

放太多方糖的咖啡容易使人生病，放太多甜蜜的愛情容易使人生膩。

想讓愛情細水長流，就不要把內心的愛一次性開放，塞滿對方生存空間的每個角落。那樣做得到的結果只能是，妳累他也累，愛情環境立刻變得擁促緊張，無法呼吸。

給對方空間，也是給自己自由。

愛情不是侵略，是共融互補。妳與他相愛，融合共同點，互補缺點，容納彼此的差異，才是真正的相處之道。

世界上，不存在完全相同的兩片樹葉，更不存在沒有差異

的兩個人。每個人都有自己最私密的小空間，這是其自出生就存在的，妳不能因妳愛對方，就可以不顧對方的感受，擅自去改變。

太甜的東西容易令人生膩，太滿的付出令人消化不起。

妳自以為向對方付出了滿滿的愛，也該得到滿滿的回報，但愛是個奇怪的東西。

人的心中總是嚮往甜蜜。一旦甜蜜滿溢成為現實，他就又會覺得索然無味。

那些好女人被甩，哭著喊著問理由的時候，不都是聽見男人無奈地嘆息說，對不起，妳太好，令我有壓力？

或許這是藉口，可未必不是理由。

男人也好，女人也罷，在完整付出自己的時候，就會忽略自我存在，而同時在另一方面也忽略了別人的自我存在。

當愛情構成壓迫力時，就形成了傷害力，減弱了彼此的吸引力。

世上沒有好的感情，也沒有壞的感情，只有你用不用心的感情。

學著用一點心，做點小聰明，在甜蜜裡加點苦，在親密間留點疏離，讓彼此愛得更輕鬆自由些。

笑著收場，吵架中運用幽默技巧

有人說幽默是一種靈活的智慧，是一種交際能力。

幽默的人，人人都愛；幽默的話，人人都喜歡聽。

幽默的男人有吸引力，幽默的女人大都不會有壞脾氣。

幽默可以使人發笑，可以減輕壓力，可以自我解嘲，可以調節氣氛，還可以免除尷尬等等。幽默的能量散布在我們生活中的每個角落。

據說，古希臘哲學家蘇格拉底（Socrates）娶了位潑辣妻子。一天，他被妻子吼得受不了，就逃出家門。剛下樓，一盆髒水當頭潑下，蘇克拉底抬頭看看說：「就知道，響雷過後，必有大雨。」

哲學家到底是哲學家，幽默中還流露著哲理！

蘇格拉底還說：「娶了天下最難對付的女人，以後就不用擔心遇上更難對付的人了！」

這幽默又用於自我安慰了！

哲人用幽默在家庭暴力中保持淡定，我們凡人也可用幽默來規避愛戀中的吵架。我的一位朋友的同學小貞和她男友就是這方面的聰明人。

小貞說：跟他在一起最有意思的事情是吵架，最沒意思的

事情也是吵架。

我說：這話怎麼講？

小貞笑了笑：每次跟他因為這事那事吵起來的時候，我這邊已經吵得臉紅脖子粗，真跟他生氣了，人家倒好，不躲也不跑，也不跟妳正面交鋒！

人家要麼把這件事反過來說，逗得妳根本沒心思吵了，要麼裝可憐，把妳攪得思路混亂，要麼就滿口都是他錯了，看他多可憐，還學著要哭的樣子，要麼就是一句比一句肉麻，妳說他厚臉皮，他還不承認！

他這麼胡鬧，我怎麼跟他吵下去！妳說的，他都沒往耳朵裡進！他就是故意地要逗妳！

每次都弄得我不好意思再跟他吵下去！

有時候，覺得兩人之間平淡了吧，我就想跟他吵，想聽聽他的幽默伎倆。

可是呢，一跟他吵起來，只要他一開口，我這邊氣就消了，真的一點吵架的氣氛都沒了！你說，吵架的兩個人最後笑得抱在一起，這還能叫吵架嗎？

所以，我說，跟他吵架呀，是最有意思，又是最沒意思的事情了！

聽著小貞的解釋，我從她臉上看出了顯而易見的幸福感！不得不羨慕她有個聰明智慧的男友，懂得用幽默剔除爭吵中的

傷害因子。

然而現實中，這種男人並不算多。

上星期，我見識了這麼一位十分沒有幽默感的成先生。

成先生與女友相戀一年有餘，大的波折沒有，小的爭吵不斷。

成先生說，他真是想不明白，女友讓他滾，他真的滾了，結果女友又怨他怎麼不理她。女友說他做的菜不好吃，他就真的不煮了，結果女友又生氣了！女友說他整天用電腦對身體不好，他就把家裡的網路線拔了，搞得女友好幾天上不了網，又吵了一架！

等成先生敘述完，我滿頭都是冷汗。我問：你們還沒分手吧？

成先生點了點頭：還沒。

後來，成先生抱怨道：我怎麼忍讓她都不滿意！我真是頭痛！那天終於受不了了，我就把所有的所有都說個痛快，她被我氣得當場哭了。後來，我也不知道怎麼辦才好，只得妥協，一個勁地跟她道歉，罵自己混蛋，罵自己不會疼女人。她這才收了怨氣。

我終於明白什麼叫沉默是最有力的反抗了！

成先生以為「聽話」能使女友消氣，其實，女友看見的卻是他一系列行為的潛臺詞：哼，妳讓我滾，那我滾好了！你說

我做的菜不好吃，那我不做了，妳沒得吃！妳不讓我玩遊戲，我拔網路線，你也別想上網！

他幾次這樣順從，在她女友看來就是一種沉默的抵抗。

女人真讓人搞不懂！

聽了成先生後面這段話，我大呼萬幸！萬幸，成先生在最後關頭還懂得妥協，還懂得裝可憐，還懂得站在女人立場上賣好！這真是誤打誤撞的幽默技巧！

幽默可以為你的生活帶來許多樂趣，也可以挽回一些情緒危機。

爭吵中運用下幽默技巧，讓爭吵笑著散場，總比哭著收場要好很多。

都說，人與人之所以吵架，是因為彼此想搞清楚對方在想什麼，想說明自己的觀點和立場，或者在事理上戰勝對方。這種巔峰對決的溝通方式，大多難以控制火力，沒比出來個高低上下是很難停下的。

有研究證明，人在發怒時，智商係數明顯下降。爭吵，本來是想解決問題的，結果情緒調動起來，智商掉落下去，火氣上去了，反而影響了問題的解決。

決定人與人真正吵起來的，不過就是腎上腺素在問題的引發下蓬勃上升的前幾分鐘。

當你與他真的吵起來時，如果你在那之前的幾分鐘實施了

幽默軟化，那麼吵架的結局就很可能是樂觀的，至少不會越吵越凶。

畢竟吵架也是需要回應的，當一個人吵得凶猛，另一個人則裝可憐、博同情，或者是運用點搞怪幽默技術，弄得對方想笑，那麼強勢的一方，自覺沒有強勁對手，也就吵不起來了！

所以，學點幽默技巧吧，用在實處，用對場合，就會讓你們的爭吵變得溫馨無比，越吵越相愛。

充分利用現代化工具：傳簡訊、寫 E-mail

那天在朋友家裡，朋友塞給我一本《愛眉小札》，並叮囑我一定要仔細讀讀。

《愛眉小札》是徐志摩和陸小曼在上個世紀 20 年代頂住來自家庭和社會各方面的壓力真心相愛、相許所寫下的一組日記和書信。

我拿起來隨意翻看，結果越看越入迷。

「幸福還不是不可能的」，這是我最近的發現。

今天早上的時刻，過得甜極了。我只要妳；有妳我就忘卻一切，我什麼都不想什麼都不要了，因為我什麼都有了。與妳

在一起沒有第三人時，我最樂。坐著談也好，走道也好，上街買東西也好。廠甸我何嘗沒有去過，但哪有今天那樣的甜法；愛是甘草，這苦的世界有了它就好上口了。眉，妳真玲瓏，妳真活潑，妳真像一條小龍。

徐志摩用這些發自心靈的文字成功地打動了陸小曼。想想在 1925 年，一個才華橫溢、多情的詩人，寫下這樣炙熱深邃的文字，他的愛是足以令任何一個女人為之心顫的。

民國時代，人與人之間的情感多是透過電話和書信傳遞。那時的人們沒有手機，沒有網路，沒有 line，與身處科技高速發展的今天的我們相比，他們的交流只能使用原始而拙樸的方式。

然而更令人覺得是黑色幽默的是，身邊有許多工具和科技支持的我們，卻越來越不懂得如何交流，也越來越倦於交流。

我們被眾多通訊工具包圍著，也孤立著，孤獨卻又懶惰。

John 身為 IT 界新貴，在世界五百強企業中任職，有很強的能力、很廣的人脈，口才也是一級棒。就是這樣一個男人，剛剛告訴我，他與女友之間存在的問題是，他不懂溝通。

他有些不好意思地告訴我，他的女友覺得他是根木頭，她覺得自己在跟一根木頭談戀愛，覺得很疲憊，很無趣。

John 說，他與女友在大學時就認識了，大學畢業一起來到這座城市打拚，隨後同居在一起，很快各有各的事業，平時很多時候，就是被各種柴米油鹽的事情包圍著。

女友在一家培訓學校上班，晚上還為幾家雜誌社趕稿；而他，經常陪同老闆出外參加公司會議。城市生活的壓力很大，尤其是在那麼多人的企業裡，競爭如此激烈，你今天不努力，明天就會被擠下去。

哪有情致和精力去搞浪漫？

難道還要他像五六年前那樣，買 999 朵玫瑰跪在地上說愛她，去電臺點首情歌，叫 DJ 唸那種酸掉牙齒的情話？

John 說，那些花哨誇大的事情，他做不來。

男女相處在一起時間久了，就會出現這樣那樣的問題，這是很正常的，正常到你稍不留心，這些問題就會乘虛而入。這些毛病不會讓你喪命，卻會令你不舒服。

男人總是嫌女人要求多，女人總是覺得男人一點不用心。

問題的焦點在於，男人因為被愛而變得安逸舒適，不喜言語。

很少看見，那些已有愛侶相伴的男人，還總是嘰哩呱啦地對自己的女人說個沒完。男人的口才一般在追求的過程中發揮殆盡，當一段感情關係成形之後，一種心理安逸感就會讓他們偷懶。

而女人終其一生都希望從男人的言語行為中感覺到愛。讓女人感受到愛的方式不要是無聲無息、無形無狀的，因為太飄渺太抽象的東西，會令她猜測生疑，反而會造成反效果。

　　我給 John 的第一條建議是，他真該好好感謝下女友忍了這麼久！

　　真的，女人，尤其是戀愛中的女人，最受不了自己身邊靜如死寂。

　　你愛她，就該想辦法，讓她真切感覺到。

　　不要覺得你的女友麻煩！因為每個女人都這樣！

　　男人總是用工作、用現實，作為自己的藉口，搪塞愛人。其實表達愛意，讓對方明白自己的心還在她身上，這並不需要你設計多麼大的 Case，做出多麼大的犧牲。

　　《紅樓夢》裡有一回講賈寶玉捱了打，怕林黛玉擔心，便叫晴雯去瀟湘館送去兩塊舊帕子給林黛玉，好讓林黛玉放心。晴雯看了一眼說，怎麼送兩塊半新不舊的帕子給人家。賈寶玉很確定地讓她送去。林黛玉見了帕子，大受感動，一時難以控制自己的感情，在舊帕上題了三首詩。從全書來看，這三首詩應是黛玉第一次比較直接地表達自己對寶玉的感情和對未來的憂心，也是他們感情明朗化的一個開端。而這之後，他們幾乎再沒有像之前那樣爭吵過。

　　看看民國的徐志摩，再瞧瞧書中的寶哥哥，他們哪個不是女人們心裡的至情至真之人？

　　直到如今，還有不少女人為徐志摩犯花痴，心底裡呼喊寶哥哥！

　　一位知名作家說過這樣一句話——現代多的是林黛玉，卻少有寶哥哥。

　　徐詩人也好，寶哥哥也罷，他們運用的手法，不過是隨處可及、信手拈來的表愛方式。這方式簡單又浪漫，只是大多數男人都看不到！

　　女人並不需要總是珠寶鮮花圍繞，有時候，你只需發條簡訊，或是留張紙條，就會讓她感到你愛她。

　　女人就是這麼需要人用心關愛卻又不會太難討好的動物。你做出的一點點，在她心底都會是很多很多。這都是因為，她愛你。

無論何時，「對不起」都是最好的解決辦法

　　那天，艾琳娜在跟我說起她的六次失敗戀愛經歷時，這樣的話總是掛在嘴上：憑什麼讓我認錯？我怎麼就該說對不起？別說是他的錯，就算是我的錯，我是女孩子，他就該讓著我！一個大男人不懂向女孩子認錯，那還是男人嗎？

　　艾琳娜是個嬌小可愛的女孩子，有著天使臉蛋、魔鬼身材，簡直是徐若瑄與蔡依林的合體。就是這樣一個小丫頭，談了許多次戀愛，可是如今，她的愛情之路依然處於搶修中。

據她回憶，第一個男友與她交往了半個月跟她認錯十八次，第二個男友與她交往三星期跟她認錯十次，第三個男友與她交往了三個月向她認錯三十五次，與第四、第五個男友各交往了兩個月，對方向她認錯十四次。第六個男友與她只交往了一週，因為他總是不肯認錯。

艾琳娜細數這些「戰果」時，不無得意地告訴我，每次她跟男友鬧彆扭，都是男友認錯。我問艾琳娜，為什麼之前五個男友也都沒有繼續交往下去？艾琳娜說，他們後來也都不願意再認錯了，居然還要她說「對不起」。

艾琳娜問我，是不是因為她不可愛不漂亮了，他們才這樣對她？

我很肯定地告訴她，她依然是個非常漂亮的女孩子。但漂亮只能讓男人動心一陣子，還有更多會讓男人掛心得更長久的優點，比如寬容。

寬容的人，不會對別人的錯斤斤計較，更不會時刻把自己放置在權威寶座之上供人瞻仰。寬容的男人是大氣的，寬容的女人是溫柔的。

你不懂得寬容，就難以得到愛人的寬容。你沒有足夠的寬容，不先說「對不起」，那麼愛情遲早要「對不起」你。

很顯然，艾琳娜並沒能做到「寬容」這一點。

我們需要清楚的是，兩性交往之間，愛與寬容都是相互

的。女人希望被男人寵愛，這並沒有錯，但女人不該仰仗著這份寵愛肆意妄為。女人疼惜男人不錯，但男人也不該因著這份疼惜就無心珍惜。

單方面地強調自己在愛情中的尊崇，而把別人的感受放置其尊嚴之下，並不是向他人求愛的明智之舉，這反而說明，你是個不懂得自愛的人，由此你又有什麼資格去索求他人的愛？

男女間從相識到相戀，在愛情這條路上，並非每個人都會經歷痛徹心腑、跌宕起伏的情感，但在最平淡的生活中，卻都難以避免地要體會著感情關係中的瑣碎、酸甜苦辣。

感情濃郁時，我們只記得，我愛著你，你愛著我，只知道用感情支配和解讀著一切，這就是所謂的「感情用事」。「感情用事」的男女在陷入情感爭端時，常常總是擰著一把勁，爭著一口氣，為一個面子，不肯放下架子。

兩個相愛的人，誰都不願意說「對不起」，彷彿說了對不起，自己就理虧了，就成罪人了，從此就抬不起頭了，就永遠被捏住把柄了，比對方矮下去一截了，可這樣就會傷了感情，一次次地，最後可能因此就錯過了對方。艾琳娜正是如此。

那天，我提醒艾琳娜，為著一句「對不起」而鬧出分手結局的案例並不算少。一對男女相愛容易相處難。相愛可能比酸鹼試紙顯色還要快，相處中卻要經歷太多的考驗與波折，彷彿一次漫長反覆的蒸餾，結果也可能蒸出的是虛無的氣體。

想要愛情修成正果，就不能執著於「不認錯」的愛情觀。於一段感情，身處其中的兩個人都要為對方考慮，做出協調，妥協有益於對感情的積極維護。

一對韓國夫婦曾向我透露，結婚二十年裡，他們說過最多的話不是「我愛你」，而是「對不起」。

在飯菜不合他口味的時候，對他說句「對不起」；

在說話聲音重了的時候，對她說句「對不起」；

在忘了結婚紀念日的時候，對她說句「對不起」；

在錯過了他的頒獎典禮的時候，對他說句「對不起」；

在為著孩子的入學問題吵得天翻地覆之後，他和她都不忘說一句「對不起」；

她在雨中不小心摔斷了腿骨的那次，他抱著她說了無數次「對不起」。

太多太多的「對不起」，有輕有重，有愧疚也有反思，更多的是疼惜和愛憐。

都說，情人間吵架，最先轉身說「對不起」的那個人是天使。但是，天使若總是轉身道歉，也是會累的。別要那麼累的愛情，別讓太重的「自我」拖垮你們的愛情。對他說句「對不起」，你並沒有失去愛情裡該有的尊貴和寵愛，反而會令對方覺得，你是個溫柔包容的愛人，他會因此更珍惜你和你們之間的愛情。

　　很多時候，「對不起」是一句比「我愛你」更令人感覺柔軟暖心的情話。不要將「對不起」當作恕罪語，愛人之間沒有絕對的對與錯，也不存在什麼高與低，你與他之間有的只應該是愛。

　　請記住，愛人之間，為愛說的每一句「對不起」，無論什麼時候，都是解決問題最奏效的方法。

第四章
當爭吵按下重播：
重複爭吵，
誰是最後的勝利者

男女心理特點差異，是「較勁」的主要原因

有句話叫做「男女有別」。

男和女，雖然都是由胚胎一點點分裂發育而成的生命個體，但這兩種生命個體除了有生理結構的不同外，還存在心理差別。

這差別作用於生活中的各方面，尤其在男女交往中，生理和心理的差異更展現了它對不同方面的影響。

曹雪芹在《紅樓夢》裡寫到，男人是泥做的，女人是水做的。

我曾跟朋友開玩笑說，其實談戀愛就是一男一女卯了勁地往一處和稀泥！

其實，這並不是我首唱的論調。早在元初，書畫大家趙孟頫的妻子管道昇在〈我儂詞〉中寫男與女相愛，就是打碎一個你，打碎一個我，用水調和，再捏成一個你，捏成一個我，最終你泥中有我，我泥中有你。

看，多麼樸實又深刻的情愛自白，難怪讀了這首詞之後，趙孟頫這個老男人沒再提及納妾之事！

男女間相愛相戀的過程正是如此，打碎「自我」，與對方融合，形成一個新的「我」和新的「你」的過程。

　　這個過程中充滿喜樂憂傷，充滿嬉笑愁悶，充滿小情小調，充滿山盟海誓，也同樣充滿著爭執吵鬧。

　　在我對眾多案例的調查分析之後，我發現了一個問題，男人和女人爭吵，往往並不是問題無法朝一個方向解決，也並不是彼此不能互容對方的意見，而是，雙方都誤解了對方關注的點！

　　在同一件事情上，男人關注的點在「事」上，而女人關注的點在「情」上。

　　我的客戶成先生上星期與女友發生了爭吵。

　　兩人坐在沙發上，吵來吵去，問題的起因是，成先生的女友又一次遭遇了變態上司的惡整。

　　當女友回到家，栽倒在沙發上，開始跟男友抱怨時，成先生是如何表現的呢？

　　成先生態度警醒而冷靜地幫女友分析問題，要怎麼看待，怎麼調整自身情緒。女友開始不耐煩了，又說了變態上司的許多惡行。成先生又提出了幾點建議，用自己在職場上的經驗，給予女人止面指導。

　　女友不滿意，依然苦惱搖頭。

　　成先生又提出要不要請客吃飯，緩和下緊張關係？

　　女友依然不滿意，又開始大肆訴苦，而且覺得他對她不理解，提出異議。

　　成先生舉手投降，問女友：要不辭職了吧？

女友大叫：你有沒有聽我的問題！

成先生終於受不了了，開始咆哮了：妳到底要我怎麼樣呢！我告訴妳怎麼調整心態，妳不聽！告訴妳怎麼處理跟上司的關係，妳還是不聽！我提了意見，妳不採納，就只知道自己委屈！妳這個樣子，怎麼在職場上生存！我說了這麼多，句句都是為了妳好，妳怎麼就聽不進去！

男人啊！你說這些大道理、大策略，女人大都聽不進去！

女人是情緒化的動物。她們心裡鬱悶的時候，腦子裡也跟著鬱悶。她們只注意個人感受，哪裡聽得進你這麼多意見！

她跟你說這件事的本因，不是要你跟她講什麼職場三十六計！她跟你說這件事，只是想從你身上得到安慰、呵護。看見你為她著急，為她心疼，她心裡才能滿意！

其實，這種情形下，身為男友，要做的很簡單，就是擁抱她，安撫她，聽她一直說完，直到她將所有怨氣都發洩一空。

女人需要你做的，只是你靜靜聆聽和溫柔撫慰，從「情」的出發點上照顧她的心情，體會她的心情，理解她的心情，然後，使她的心情由低潮走向平和。

怒氣消了，心情好了，你再問她怎麼解決這件事，她會回答得比你還透澈！

女人不是不懂職場，不是不會耍三十六計，也不是真的被變態上司逼得想自殺、要辭職。她在男人面前表現弱小，肆意

流露自我情緒，都是因為，她們想要男人的愛和溫柔。

曾有份調查，在兩個班裡舉行考試，對其中一個班的女生進行了考前輔導，結果，考試成績一出，發現接受了考前輔導的那個班的女生的成績普遍高於同班男生，而另一個班的女生卻跟平時一樣，成績大多都比男生要低。

這就說明一個情況，在考場中，有男有女，女生在沒有接受心理輔導的情況下，就會表露出女性在男性面前示弱的潛在心理意識。

女人對男人的感情依賴在潛移默化中影響了她生活、工作中的許多方面，當然也時常影響她對事情的判斷。

譬如，成先生只注重幫女友分析事態發展，而沒有像女友所期盼的那樣表露情感關懷，結果女友就覺得男人不愛她、不關心她了，跟她沒默契了！

可男人心裡感到冤枉、不解啊！他根本沒意識到，自己說了這麼多，卻沒一句落在女人的心理渴求點上！

事實上，這並不難理解。

我們總是能夠意識到男女有別的生理差異，卻忽略了男女間心理的差異。尤其是，兩人關係越親近越在乎對方的時候，就越容易忽略彼此之間的心理差異，總是覺得，愛上了，你是我的，我也是你的。男人與女人愛到情濃意濃、不分彼此時，也就更易忽略「男女有別」了。

在遭遇同一件事情時 ——

男人更理性，女人更感性。

男人傾向於理性地分析解決，而女人傾向於迂迴輾轉於男人的態度。

男人透過問題看世界，女人透過問題看男人。

男人從正面直擊問題核心，而女人總在問題的側面、背面、反面以及對立面的各個角度敲擊男人的情感感應力。

男人的思維總是太富邏輯性了！女人的思維總是太富想像力了！

女人可以把男人對每件事情的反應都連繫到男人對她的反應！

哦！女人真是煩！這真要男人的命！

而女人左一句暗示，右一句誘導，等來等去，還是沒能等到她要的安慰和懷抱！

哦！這個男人真豬頭！

沒辦法，女人和男人天生就不一樣！

所以，當「心理有別」的一對男女爭吵個不停的時候，他們多半是還沒意識到彼此理解角度的不同，或者太不懂諒解彼此的不同，而執著地較勁個沒完！

美國心理學博士約翰格雷（John Gray）說過，男人來自火

星，女人來自金星。這一點都不假。因為來自不同星球，擁有不同思維模式，男女間的相愛才更美麗更有趣，當然，也更有挑戰力。

但只要意識到這一點，懂得相互寬待，交往中，少一點較勁，別把各種差異作為雙方較勁的點，那麼，相處下來，才不會那麼既不討好又很吃力！

爭吵有法：從對方的招數找對策

前幾天，我跟 W 先生講「後發制人」的道理時，W 先生有些不耐煩：我不是來聽兵書的！妳就直接告訴我，琳達，她總是跟我吵個沒完，我該怎麼辦？

我說：那你就先不要跟她吵嘛！

W 先生又問：不吵怎麼解決問題？

我笑：你們吵了這麼多次，真的解決問題了嗎？

不用 W 先生回答，我就知道一定沒有，不然，此刻他也不必坐在我面前了。

W 先生與女友在同一棟辦公大樓裡上班，兩人所在的公司是鄰居，自從確立了戀愛關係，兩人很快就進入瞭如膠似漆的

熱戀階段，隨後，便自然而然地住在了一起。

可是問題也接踵而至。

先是，女友決定要按她的風格來裝潢一下房間，隨後，女友又提出了房間清掃程序若干條目，兩人執行輪班制。後來的幾天裡，女友又提出這樣那樣的想法。就這樣，原來他一個人的房間，幾下子就被變了格局。W 先生很苦惱，想想以前的單身生活還真是好。不過為了照顧女友情緒，他還是學習做好，可還是很難得到女友的讚賞。

女友呢，天生熱愛交際，縱使雙方正在熱絡交往，也不影響她喜歡的熱鬧夜生活。泡酒吧、喝酒、唱卡拉 OK 這些 W 先生一碰就煩，可若是讓她一個人去吧，他又不放心。W 先生陪女友去玩了幾次，只覺得沒興致，又疲累。女友怪他像根木頭，他說女友不該總是出去玩、那麼晚睡，該多注意身體。女友也對他提意見，覺得他邋遢、沒樂趣，不考慮她的想法。

兩個人都開始翻舊帳，然後兩人針對幾個問題不停地吵，不停地吵，最後到了一日三吵的程度。

我問 W 先生：兩人有沒有想過要分手？

W 先生點點頭說：想過，可又捨不得分，還是愛她，可是吵起來的時候，又真的很生氣。她就是不能聽聽我說的，我都被她氣糊塗了！

我說：是啊，是不是吵著吵著，兩個人都不知道一開始在

吵什麼了？

　　W 先生不住點頭：是啊！可還是得吵啊！這次吵不明白，下次或許就吵明白了！

　　我笑：這怎麼可能！你們兩個吵了這麼多次，很明顯都是在鬥氣，根本不是在討論問題！

　　正如，W 先生說的那樣，男女間的交往，爭吵確實是一種直接解決問題的方式，但這並不等於所有爭吵都是解決問題的快速而有效的辦法。如果像 W 先生和他女友這樣循環往復地爭吵，那麼急需解決的問題就不但得不到解決，反而會讓雙方的壞情緒越積越多，牴觸心理也越來越大，結果就會更有害於感情。

　　爭吵是能夠針鋒對決地交換意見，通常是兩個人都以解決問題為目的。而 W 先生與女友站在各自立場上翻對方舊帳的舉動，就不太明智。這樣只能讓溝通交流成為一場比誰嗓門大、比誰情緒高的批判會！

　　當兩人情緒飽滿、各持己見地爭吵時，就會越吵聲音越大，越吵越偏離主題，都只想著用自己的氣勢壓人，語勢蓋人。而且吵到白熱化的時候，甚至能罵粗口、扔拖鞋、拋狠話，一個勁地放毒，私底下修練的那幾門獨門功夫都派上用場了！

　　盛怒之下，大腦出現短路，智商也無法回流，如何思考你

提出的問題？如何改善你們的關係？這種充滿荷爾蒙迸發的「口舌爭鬥」，自然是無法解決問題的，而且還會傷害到彼此的感情。

辯論中，正反雙方你一言、我一語，各自抓住對方論據中的缺陷、論證中的歪理等，逐一進行辯駁，使其論點最終無法立足！這種辯論是聰明人之間的爭吵！人家的聰明放在刀刃上，不是用在荷爾蒙發洩上！

男女交往中，交集的是感情，往來的是智慧。這個智慧不是英國門薩測試的結果，而是你的情商指數。

男女間的交往，可以看成是一場棋局，你出一子，我觀其四面八方的走向，然後封你去路，挖你牆角，壓你邊界，擋你殺機。

所以，處於愛戀中的男女間爭吵，並不是要真的把誰駁倒，滅誰後路，置之死地而後快，而該是等對方先出招，之後「見招拆招」，以觀後路，伺機而動，最終解決問題。

不要急著用「熱砲」對衝他（她）的「熱槍」，要學會先「冷處理」，把問題放一放，讓對方的話在腦子裡都過一過。看清對方招數，「知己知彼，百戰不殆」，才能打把握仗，做可靠人。

有效率的爭吵，不是針尖對麥芒地你一句我一句，說不死你也要用嗓音壓死你！試著用迂迴婉轉的策略去解決你與他

（她）的爭端，這種聰明人的應對方式，更適用於親密愛人之間的意見連結。覺得對方說得有些道理，那麼採取積極行動迎合改正；如果對方說得沒理，我們再實話實說。

這裡的「道理」並不是事實真理，而是愛情中的「理」。

當然，愛情中的「理」也同樣不辯不清。你覺得我哪裡做得不好不夠，叫我改，可以，但你也要聽取我的意見。兩個人在一起不是為了讓各自過得更舒服，而是為了在一起更舒服，那麼為此就要捨棄一些「自我」的部分，考慮和體諒下對方的感受。這種考慮和體諒，在有目的的爭吵中，只會讓愛情更甜蜜。

不吵的愛情，未必甜蜜無虞；沒完沒了爭吵的愛情，只會讓人無力。

辯論會中雙方爭吵求的是真理，愛情裡男女爭吵求的是和諧。

你吵我也好，我吵你也罷，我們都是想對方能聽懂自己的話，懂得維繫彼此間的感情。

做個愛情裡的聰明人，下次爭吵時，學會以退為進，後發制人，這樣愛情之路才會更通暢。

博弈需要耐性：有耐性才能維持住愛情

《伊索寓言》中〈烏鴉與狐狸〉的故事，講的是嘴上叼著一塊肉的烏鴉，為了保有這塊肉，始終堅持著不說話，但最後還是沒禁得住狐狸三寸不爛之舌的頻頻巧言攻勢，張口唱歌，結果肉掉了下來，成了狐狸的口中餐！

大家都知道故事的主旨是諷刺那些如烏鴉一樣虛榮心很強、自以為是、愛炫耀的人，然而，我卻看到了那隻饞嘴而狡猾的狐狸很有耐心。

有句俗話說：「心急吃不了熱豆腐。」這句話常被用於男人對女人的追求中，我覺得很恰當，只是不全面。

在戀愛時，男女雙方都需要保持一定耐心，才能真正征服對方。

有耐心的人，才能成為笑到最後的人。

戀愛是一場遊戲，同時也是一種競技，拼的是腦力，鬥的是情商，靠的是耐心。

你愛我，我愛你，一開始，彼此並不是十分知曉。

要如何知曉？靠猜，靠哄，靠追，靠躲，靠求，靠拒，靠偽裝，靠誇張，靠很多愛情攻略。

戀愛中的男女之間總是要博弈一番，才能把彼此心意摸索

得明白，才能搞清楚彼此是否匹配。但這一招又一招、一式又一式地試探過去，若沒有點耐心還真不行！

尤其在戀愛過程中，小打小鬧不斷，大吵特吵常有！兩個人越是在乎彼此，就越是容易一吵再吵。

當重複爭吵，感情亮起紅燈時，我們需要怎樣應對？

艾倫與女友是在一次自由行時認識的，至今相戀兩年。兩人興趣相投，都熱愛旅遊，喜好烹飪、研究各國料理，閒暇時喜歡到處挖寶，做手工陶藝，去郊外踏青。

艾倫是典型的 ABC，女友有五年的留學經歷，各自對東西方文化都有所沾染。大致上看，兩人在生活中是特別般配的一對。

然而，相處中，不可能沒有矛盾摩擦，有了矛盾摩擦兩人就會爭吵。而艾倫受不了爭吵，常常是還沒吵幾句就逃掉，把女友一個人扔在那裡。因為這個，下次重聚，兩人還會因為一點事情再次發生爭吵，艾倫也會再次逃掉。

我問艾倫：為什麼要這樣？

艾倫抓著頭髮，極其痛苦地回答我：我一聽見爭吵，腦袋就疼！哦，真是太折磨人了！

我問：那你逃避，真的解決你們的問題了嗎？你知道你這樣的舉動在女友眼裡是什麼嗎？

艾倫說：她說我對她不耐煩，不考慮她的感受。其實，我

就是為了考慮她的感受才不想跟她吵。我這樣做錯了嗎？

我告訴艾倫，他的這種處理方法其實是在向女友釋放一種冷暴力。我們在發生矛盾衝突時，通常採取的方式有熱暴力和冷暴力。熱暴力就是迎頭直擊，誓死也要跟你爭個對錯，爭出個「理」來。這種方式，我們一般人都知道，除了能發洩大量激昂躁動的情緒，消耗大量的卡路里之外，得到的積極作用少之又少。而冷暴力呢，就像他這種，我不想聽你吵，我也不想跟你吵！你吵你的，我惹不起，躲得起！

艾倫的方法看似是切斷了爭端，其實卻為以後埋下了隱患。譬如，在下一次爭吵時，上次他表現出的沒耐心與拒絕溝通，很自然地就會從女友腦海裡翻出來，呈現於眼前，從而導致爭吵。

男人的躲避，對女人來說就是一種擊打在精神領域裡的武力。這種武力，對女人的心理傷害很大，直接令她對這份感情的真摯度產生懷疑。

有多少女人感嘆：我都不知道怎麼辦，每次向他提意見，他都比貓跑得還快！他就這麼討厭我嗎？

其實男人想的是：我真受不了她吵我！我討厭這種喋喋不休的局面！如果她不那麼煩，還是個不錯的女人。

對待吵架就像對待臉上生出的一顆大大的青春痘，熱暴力的人一定要把它清除，擠、挖、用藥物、用器具拔，各種暴力手段都用上，為的是一定要「滅」了它；而冷暴力的人就選擇

漠視、選擇忽略，我看不到、聽不到，我走掉，行了吧？

當然行不了！痘還是那個痘，你還是那個臉上長痘的你。它只要存在，就有可能再次「暴動」。

逃避，無視，冷淡，不過是自我暫定的心理封鎖，這樣的心理封鎖卻並不可靠。

或許你覺得在爭吵爆發時，暫時分開，能夠給彼此冷靜思考的時間，將問題想個清楚，但這往往是事與願違。女人對男人每個態度的想像力都十分豐富，她會抓住一點微表情進行天馬行空地追索，最後落腳點都在男人愛不愛她這件事情上。

哦，你走！你走就是不要聽我說的！難道我說錯了嗎？難道你沒做錯嗎？你不改，還連傾聽的耐心都沒有！你氣死我了！你根本不愛我！

你自以為留出了兩人的 calm time（冷靜時間），其實質卻是對矛盾點的放任不管。你逃出了爭吵現場之後，心裡大呼：終於逃開那個瘋女人了！她真是瘋了，那麼一點事，居然跟我吵了七次！

是啊！她是想跟你吵一次就解決了，可你每次都沒等她把預先準備的臺詞說到三分之一就跑出「片場」！男女主角，少了對方，這場戲，你要她怎麼演下去？自然她只能是氣上加氣！

那麼如何調整這種惡性重複的爭吵局面呢？

我再次用青春痘來舉例，曾有美容醫師告訴我，臉上長了

痘，千萬別用手或者美容工具去擠、壓，最好用按摩手法促進它成熟，讓它自己冒出來，脫離你。在男女對弈中，我們也可以試著用下這種「按摩手法」。

不要過於猛烈地想要快速地清楚「問題」本身，因為欲速則不達，你們碰撞在一處，摩擦出的火藥味並不能讓你們的戀情達到和諧美好。也不要置之不理，任由它長期盤踞在你漂亮的臉蛋上時不時地發發紅、發發脹，影響你的好心情。要有耐性，用點耐心，以少許肯定的臺詞來做應對，讓對方掌控「主場」，先把對方情緒穩住，然後進一步滲透，再做對策。

當然，在爭吵時，讓任何一方將「反抗權」完全交出來，靜靜聽對方吵完，都是非常痛苦的一件事。但只要你耐著性子，聽他（她）宣洩，你就會發現，他（她）吵著吵著就失去了繼續吵下去的動力。因為對手太「弱」了嘛，他（她）實在覺得爭吵無趣！

這就像鼓樂手敲打的銅鑼，一個銅鑼是無法有聲響的，只有兩個撞在一起，才能鑼鼓喧天！任何事都需要對手，越是與自己實力相當的對手，越是能激起他（她）的鬥志。聰明人不會試圖用聲色俱厲的方式去應對對方的攻擊，更不會做個一走了之的沒品「對手」。

愛情中的爭吵不是非要硬碰硬才分得出勝負。因為，我們不是要把對方打趴下，而是要消減他（她）怒火中燒的氣焰，

從心理上收服他（她）。

「你進我退，你駐我擾，你疲我打，你退我追」，需要的是耐性與「以不動應萬動」的低調策略。

耐得住性子的人，才能分到最大一杯羹，成為爭吵中的勝者。

爭吵時需要如此，在愛情中很多方面很多時候進行博弈時都一樣需要耐性。

有耐性，才能 hold 住你的愛情。

吵架也是溝通：先認錯的人比較占上風

那天接到朋友電話，說她加班，要我幫她接孩子。

我趕到幼稚園的時候，小傢伙剛剛結束了一場拔河比賽。最終結果是，小傢伙因為耍詐被紅牌罰下！

小傢伙滿臉帶笑地說：我本來跟他力氣差不多，我突然一鬆手，就把他輕鬆帶到我這邊了！

我想，行啊，這麼小就知道偷偷使壞了！

不過，當時小傢伙說的話卻令我聯想到了男女之間的爭吵。

　　情人之間吵起來，總是像兩個賣力拔河的人，你不鬆手，我也不鬆手，你不認錯，我也不認錯，你不理我，我也不理你，你不停戰，我也不修好！看誰耗得過誰！看誰更厲害！

　　這種死撐著、硬撐著的局面，要麼持續冷戰，要麼大吵小吵不斷。積極正面的效果一點都沒有，反倒是傷了和氣，壞了脾氣，更傷了感情！

　　為什麼不把繃得太緊的情緒先放鬆？

　　幼稚園小朋友都懂得的道理，我們成年人往往想不到，更做不到！

　　伊蓮找我的時候，哭得梨花帶雨。

　　她硬撐著氣勢，指著掛在假睫毛上的淚珠，說：姐！我被甩了！妳信嗎？反正不管妳信不信，都已經發生了！

　　伊蓮這隻情場小狐狸，使得出七十二變，做得到十八般武藝，情場上春季不敗，桃花成片，追求者成群，從沒摔過跤，丟過臉，每次都是她甩人。這次遭遇人甩她，不用深想就知道，對她刺激不小。更因為，對方既不是情場聖手，又不是什麼極品帥哥，在最當初的當初，不過是伊蓮的備胎之一。

　　交往之初，伊蓮本著嘗新的態度試一試，結果，這一試就用了心，主要原因是，對方什麼都會，會廚藝，會修電腦，會開車，會畫油畫，會打毛線，關鍵是還脾氣好，手藝好，床上功夫好。被男友這麼全方位地寵愛著，伊蓮在情感上就越來越

依賴他。

原本以為三個月結束嘗新，結果這次卻成了伊蓮談過的最長的一次戀愛，用了半年零三天。伊蓮說不傷心，不傷心才怪！

我說：既然這麼愛，怎麼還會把愛情談壞了？

伊蓮流著清湯寡水的眼淚鼻涕說，男友說她被過去那些追求者寵壞了。

伊蓮男友的這個說法，我非常同意！

伊蓮是嬌縱了些，總能想出各種折磨人的法子來證明愛情。

比如，週末休息的大清早，她把男友從被窩裡拎出來，要他立即去東邊某家糕點店買她愛吃的乳酪蛋糕，而他們住的公寓在城市最西邊。

比如，她擅自刷爆男友的信用卡，先斬後奏。

伊蓮折磨人的招數真是百出，不斷出新招、奇招。那天，她居然把朋友叫來配合，演一齣色誘情郎試真情意的戲碼。

伊蓮先是讓朋友穿上性感內衣，埋伏在他們的臥房裡，然後打電話給男友，催他回家，隨後，伊蓮自己躲在浴室裡，製造自己不在場的合理情節，守株待兔地觀看男友的反應。

聽著伊蓮說這些的時候，我渾身冒冷汗！親愛的！妳可以做編劇了！

　　幸好，男友順利通過了考驗，伊蓮心裡備感舒坦，覺得自己到底沒愛錯人！

　　在伊蓮感嘆自己眼光獨到的時候，事情發生了180°大轉彎！朋友倒戈了，居然把實情告訴了伊蓮男友。隨後兩人爆發了激烈爭吵。這麼一吵，就持續了一個月，兩人稍有不快，就提起這件事，反覆爭吵中兩人都不相讓！

　　最近的一次，男友終於不再堅持，決絕地提出了分手。伊蓮經歷了人生中的第一次被甩。

　　伊蓮問我：我錯了嗎？我不就是想試試他的真心？

　　我說：愛情禁不起試驗，更禁不起頻繁折騰！

　　但我告訴伊蓮，她的局面本來是可以逆轉的，只是她自己沒意識到。

　　伊蓮忙問我：如何逆轉？

　　我告訴她，如果當初爭吵時，她懂得先認錯的話，如今就不會鑄成分手的惡果了！

　　伊蓮挑起秀眉，十分不解地看著我：姐，那怎麼行！我怎麼能跟他認錯？我是女人！

　　我問：你是女人又怎樣？女人也可以認錯！妳怎麼不能認錯？妳做錯了，就該認錯，妳沒做錯，也可以認錯。

　　伊蓮問：這什麼理論？

我答：愛情理論。

一男一女相愛在一起，本來各自有別的兩個人，互愛，互幫，互助，互補，互融，互撞，互鬥……

正因為不同，男女才會相愛；正因為不同，相愛時才會有爭吵。

男女交往，吵架在所難免。

我們每天都可能吵架，跟熟人吵，跟陌生人吵，坐一次捷運也可能因為踩了腳而跟人吵幾句。

情人之間的爭吵，最怕傷筋動骨，最怕執著頑固，最怕兩人都不鬆口。

其實，只要一方鬆了力道，另一方自然也就不會再去拉扯那條繩索，不去爭那口氣了！

伊蓮在持續爭吵中的態度，顯然只想著要占上風，要爭眼前這口氣。她一直爭著，一直占著上風，以為這樣就掌握住了愛情，但最終，愛情卻離她而去。

因為想錯了，所以做錯了。

戀愛不是《三國演義》，更不是武昌起義，不為爭地盤，不為鬧革命，不為尋自由，而是為了相愛。兩個人相愛，總會出現這樣那樣的矛盾摩擦，搞不好就成了相害。

為什麼要擴大傷害？為什麼不能放下執著？為什麼不能採取更好的方式占據主動優勢？

　　我的一位學姐經常跟我說，她跟她老公相處的祕訣就是，她最先認錯。

　　說到這，學姐不無得意地笑道：有時候，我跟他吵急了，發現也吵不過他，可我還想鬥過他！怎麼辦？馬上認錯！說我哪裡哪裡做得不好，哪裡哪裡說得不對。他看我認錯了，他也不好意思嘴硬了！然後，我再說什麼什麼的，他立刻變得聽話多了！

　　這叫先「軟化」，後「教化」！

　　哎喲！是練家子哦！

　　的確，情人爭吵中，沒必要在意表面的上風或者下風！溝通想法、解決矛盾才是正道！

　　記住，傷什麼，別傷感情！

　　你想占上風，想採取主動，也不必非要跟他（她）爭得面紅耳赤，彷彿張飛上了身，李逵來 PK。這樣不傷感情才怪呢！

　　試著把手裡勒緊的繩索鬆開，你先認個錯，看似你的氣焰頹敗下來，實則對方爭吵的氣焰卻會忽地被你的舉動牽制下滑，變為被動。

　　看似「被動」實則「主動」，看似處在「下風」實則處在「上風」。這樣的「認錯」，有何不好？

　　下次爭吵，記得先認錯。

別以「我都是為你好」為名義，
在對方的世界裡橫衝直撞

男女交往中，總是喜歡說個「好」字。

男人討好女人時，就愛說「妳好美」、「妳好溫柔」、「我好喜歡妳」。

女人中意一個男人時，就愛說「你好壞」、「你好無賴哦」、「我好想聽你再說一次你愛我」。

即便和平分手時，也願意小姐紳士一番，「只要你過得比我好。」

「好」這個字說起來、聽起來、寫出來都是好詞彙，可一旦做起來，就總會惹出滿頭糾結官司。

我愛你，我就要對你好，你愛我，也要對我好。

我對你的好，你知不知道？你對我的好，我怎麼感覺不到？

在眾多瓊瑤式的狗血劇裡，咆哮派男主角總是把女主角捏得骨骼咔咔響，他的嘴巴也張開到能一口吞下整隻烤乳豬的幅度，大叫大嚷著：我都是為妳好！我都是為妳好！妳怎麼就是不懂呢？

是啊，你都是為他（她）好，他（她）怎麼就是不領情呢？

121

坐在我對面的詹先生，正滿臉苦澀地喝著我遞給他的檸檬水。

他需要平復下情緒，前幾天剛和女友分手。分手之後，詹先生急需一次總結式的傾訴。

詹先生與女友相戀之初，兩人的感覺都非常好。

同居後，女友把詹先生的生活起居全部接手過來，為他搭配營養食譜，為他推薦著裝搭配，為他的汽車買保險，為他的寵物貓預約節育手術。

那之後，詹先生每天都能吃到溫熱的早餐，穿上熨燙得筆直的西裝褲，書桌右上角放著他每日必讀的早報，上衣口袋裡放著一盒開會前必吃的薄荷潤喉糖。

生活中的點點滴滴裡都滲透著女友飽滿而細膩的愛。起初，詹先生真的真的非常享受這種被照顧的感覺，也為能有這樣一位細心體貼的女友而感到幸福。

可是後來，他發覺，有些不對了。

女友發現他的書房裡存有大量的過期雜誌和報紙，還有些已經無法讀取的錄影帶，占據了很大空間。那天，正巧趕上他上班而她休息，於是她決定對這些沒有保留價值的舊物進行一次性清理！

等到詹先生回來一看：哦，天哪！妳把我多年累積的資料和寶貝都賣給回收的人啦？

　　女友愣住：資料？寶貝？親愛的！那些過期雜誌和報紙上的資料是好幾年前的，已經失去時效性了！已經沒有參考價值了！寶貝？你說的是那些看都不能看的破帶子嗎？

　　詹先生很生氣：破帶子？那些錄影帶可是我從高中時代到大學畢業一直保存的！那是回憶！是美好時光！能不能看並不重要！

　　兩個人的看法不同，一個人眼裡看見的是需要快速消失的「廢品」，另一人眼裡看見的是需要精心保存的「回憶」。

　　這不吵起來才怪呢！

　　詹先生說：女友自作主張的事情還有呢！

　　那段時間，詹先生的工作進行得很不順利，整天唉聲嘆氣，女友得知後，就開始為他四面八方地張羅找新工作，而且在他不知情的情況下，為他約了八場面試！

　　詹先生苦惱地叫出來：我根本沒想辭掉我原來的工作！我熬了這麼多年，一直在等升遷機會！她非讓我轉到一個新的環境，一切還要從頭開始！我已經三十歲了！不能再走回頭路了！沒有時間再重新起步了！

　　女友則認為，詹先生在現在的公司做得不快樂，也沒什麼前途，何必在一個地方死撐？她到處託熟人打聽應徵消息，還不是為了他能有個好的發展未來？他怎麼就是不懂她的心呢？

　　是啊！詹先生的確沒弄懂女友的心，可女友做這些的時

候，也忽略了詹先生的心。她以為自己在全身心地替詹先生打算，可沒意識到這種打算卻都是從她的角度來決定的。

詹先生在傾訴完之後，痛苦地說道：她的愛讓我太痛苦了！而我的不領情也讓她失望透頂！

我聽著詹先生和他女友的故事，感覺這痛苦不只是詹先生本人的，他女友也同樣是痛苦的。

詹先生的痛苦在於，女友許多「自發」的愛，在他的生活、工作等等方面無處不動刀、無孔不插針！

女友的痛苦在於，她付出了這麼多，把男友的生活照料得井然有序，很有起色，為男友事業發展想盡辦法，挖盡人脈，可最終換來的卻是男友的一句句 No ！

直白而客觀地用市場學的理論來說，女友給詹先生的愛，是一種對市場需求理解錯誤的供大於求的供銷方式。

這種方式令詹先生的世界陷入混亂，原有秩序被破壞，讓他感覺就彷彿經歷了一次又一次的恐怖襲擊，而不是愛人的親密之吻。

當愛得太用力，到達了一種侵略狀態，你付出再多的愛，對他（她）也只能是平添傷害。

你蠻力地使用愛，衝進他（她）的世界，推倒了圍牆，拆掉了橋梁，燒毀了民房，蓋起了高樓，築起了城堡，搞起了旅遊勝地，你說這都是你對他（她）的愛，這都是你對他（她）的

好！你說，你要重新規劃，去舊出新，改革開放，你要把愛的春風颳遍他（她）的整片心靈大地！

哦！你真豪氣！你真有魄力！你真有遠見！

我想，沒有幾個人會樂於接受你的這種「強拆」。你的他（她）要麼在「強拆」中崩潰，要麼在「強拆」中拉著你一起毀滅！

你的這種不通知、不打草稿的「強拆」行為，屢次「好」到讓他（她）想逃，想反抗，想抗議，強烈譴責你！

你們開始爭吵，圍繞各自不同的觀點。你覺得，他（她）真是「狗咬呂洞賓」，更覺得自己比竇娥還冤！

事實是，你以為是為了他（她）好，可同時你也在「強拆」愛情。

縱使是最心愛的人，也不要對對方的感受妄加判斷，對對方的意見肆意忽略。

因為，你眼中的「好」，與他（她）眼中的「好」，很多時候，是存在偏差的。

這就好比我上週剪髮時遭遇的事情，現在想起還令我有些氣憤。

我明明說了我要的頭髮長度，可那位理髮師，仗著自己長得有幾分魅惑，就撒嬌地對我說：姐姐，這個長度，可是今年最流行的哦！我是很用心地幫姐姐做了一次改造哦！

你認為最流行！你認為最好看！你幫我改造？可我很不爽！

人的感受偏差真的不是可以隨便就一笑而過的！

非常喜歡看日韓倫理劇裡面男人與女人之間相互詢問的溫柔語氣。

親愛的，晚上我們吃中華料理好不好？

親愛的，我們把臥室桌布的顏色換個好不好？

親愛的，幫我個忙好不好？

親愛的，繫我買給你的那條藍色領帶好不好？

當你想要為他（她）好的時候，請先詢問一句「好不好」，別把自己的「愛意識」強加在別人「被愛意識」之上，這樣的強硬供給，真不是每個人都能吃得消的！

或許這一刻，你樂在其中，但下一刻，你或許就會因此而冷在其中！

真是一筆虧本買賣！

為什麼不先問一句「好不好」呢？這樣既可以表現出你的「好」，也可以減少許多弄巧成拙「好心辦壞事」式的爭吵，更能得到他對你的「好」，何樂而不為呢？

愛之前，帶上尊重。再相愛的兩個人，也還是兩個人，好與不好，請先溝通！

這種溝通，可以讓你防止自己在對方的世界裡「橫衝直撞」，讓愛情無辜受傷！

第五章
愛情冷暴力：
愛的反面不是恨，
而是冷漠

「冷戰」最容易造成對對方的漠視

男人也好，女人也罷，在對對方產生不滿的時候，採取冷戰，並非明智之舉。

俗話說得好：夫妻沒有隔夜仇。

情人之間的矛盾摩擦，若是放過隔夜就不好，長期冷戰，只會讓感情不住地打冷顫、發高燒，最後退燒的時候，很可能連帶你們的感情也跟著退了！

高先生和及小姐來到我面前時，已經冷戰一週了。

為了打破冷戰局面，他們準備找個中間人進行調停。看來這兩位「冷」得還很理智。

說說冷戰的原因吧。

在某醫院婦產科工作的高先生，平時的工作需要接觸大量的女性，當然不乏年輕女性。及小姐也是他在工作中認識的。剛開始交往時，高先生就已經開誠布公地表達，他熱愛自己的職業，不會為了感情放棄現在的工作。顯然高先生曾經的女友就對他的工作有過不好的聯想和猜忌。

及小姐剛開始還能理解，爾後也犯了同樣的毛病，只要超出了約定時間，他沒出現，及小姐就電話、簡訊轟炸。可高先生有時因為塞車，有時因為臨時處理病患的突發狀況，更何況

一天好幾臺手術，這樣就沒時間隨時與她保持聯絡。

一次，幾個小時的手術做下來，高先生疲憊地擦著汗水，拿起手機一看，一連 26 通未接來電。

高先生剛忙出一身熱汗，這又被女友的疑心病驚出一身冷汗！

及小姐辯解說，高先生是他們醫院裡最年輕的技術骨幹，有很多女醫生女護士女患者喜歡他，有事沒事跟他開玩笑。他是個萬人迷！這樣的男人，她怎麼能不看緊點？

高先生反駁：可妳也送過啊！但我只喜歡上妳了，沒喜歡她們！妳還有什麼不放心的！

及小姐說：你那時喜歡我，現在也可能喜歡上別人！

高先生崩潰！

隨後，兩人就開始了冷戰……

兩個人在我面前依然保持著冷戰狀態，只好由我來打破沉默了。

我問及小姐：既然對這種情形下成就的感情沒有信心，那麼當初為什麼要主動呢？為什麼要開始這段感情呢？

及小姐說：我喜歡他，就想追他，可這不影響我懷疑他有外遇。

我笑：妳喜歡他，追求他，要跟他在一起，可感情是建立

在相互信任的基礎上的。再說，喜新厭舊的心理誰都有，不分男女，也不論是萬人迷還是醜男醜女！

我這樣說，實在是因為出軌、外遇、劈腿都是人的貪婪心理在作怪，並非外在條件做了主導！

如果你愛對方，就給對方呼吸的空間，給對方情人之間該有的信任。

你與對方持續爭吵，你令對方覺得疲累，令對方想逃，於是，對方發起冷戰，你呢，也不軟弱，跟著參戰，這種局面長久下去，是很傷感情的。

男女交往中，對情人有猜忌在所難免，夫妻之間有時還會鬧信任危機呢！

但高先生和及小姐的解決方式既不科學也不環保。冷戰雙方不但沒有冷靜思考如何改善關係、解決問題，反而將事態一冷再冷，過了七天才想要找外人調停，真夠狠的！

採取冷戰的一方該想想，這種方式對解決問題有沒有益處？對兩人感情有沒有傷害？有沒有更好的解決辦法？

情人間的憤怒表現，要麼吵得鬧翻天，要麼冰冷如冬天。

熱吵是正面的表態，冷吵是側面的表態。熱吵圖的是口舌之快、氣焰沖天，冷吵圖的是狠、絕、準。

大多數情況下，冷吵的殺傷力比熱吵還要大！我不屑你，不理你，不睬你，藐視你，漠視你，這會為愛情帶來大大的傷害。

男女之間最怕的不是恨，而是漠視。

你漠視一個人，說明那個人在你心裡真的不會比一罐可口可樂更有吸引力。

而冷戰最容易造成對對方的漠視。

當然，在情人之間，冷戰中的漠視應該是兩人間相互牽制、相互的精神懲罰而故意逞強偽裝出的漠視。否則，因為其他意義上的漠視而失去對方對愛的熱情和信心，真的太不值了！

當你確定你依然愛他（她），依然要這段感情時，你就千萬不要用冷戰來證明你在這段感情關係中具有的「戰鬥力」。你「裝備」得再強大，再不怕冷戰，也阻擋不了愛情因此遭受一次次風雨冰雪的襲擊。那一刻，你會心疼，會後悔，會覺得自己非常委屈。

人生最怕後悔，感情最怕錯過。別把不必要的問題弄巧成拙地演繹成必然的結局。

寧可大吵特吵一場，也別以冷戰的方式用漠視重傷你愛的他（她），那樣導致的不良後果終將是你苦於承受的。

有意義的溝通，更能讓感情保持熱度

有些人吵架時講究一個「快」字！因為他們怕在拖拉爭吵中浪費時間，消耗生命，增大「吵架成本」。

但大多數人很少會去計算「吵架成本」，他們一旦熱吵起來，甚至會撕破臉皮，大打出手，或者冷戰起來遲遲不肯放下面子言和。這對感情來說，實在不值。

某些人快吵，確實可以減少「吵架成本」，但某些人心有怒氣的時候，就忍不住快速地跟戀人吵個天翻地覆，這個時候，只是他（她）一方痛快了，對方卻崩潰了，因為不知道他（她）哪一句是重點，完全找不到探討方向！吵得太快，思維沒跟上。

如何讓你們的爭吵既「快」又能溝通好，這裡面有要訣。

米小姐和男友已經冷戰了三個月。

米小姐告訴我：我和男友都很要強，又都快言快語，就是有什麼不痛快也絕不藏著，一定要都說出來，兩個人之間的事情，一定要辯個清楚。

我問：那怎麼又會冷戰三個月？這冷戰的時間是不是太久了？

米小姐有些不好意思地點頭：確實，兩個人的爭辯，並沒

有辯出個究竟，還越吵越偏離主題。兩個人都覺得無趣，吵得厭煩了，可誰都不肯服誰，就只好冷戰了。

戀人之間的溝通講究「快」字，不囤積問題，這的確很好，但這個「快」不在於語速，更不在於回擊對方的反應力，而是在於溝通的效率。

爭吵並不可怕，可怕的是不講效率地亂吵。兩人快言快語地傾吐意見，還沒有來得及消化吸收，就給對方判定罪名，這實在很不聰明。

我們知道「快」效率的溝通可以直截了當地交流想法、解決問題，更能防止「隔夜仇」產生，更不會使兩人進入冷戰狀態。

而要做到這點，杜絕如米小姐和男友的這種低效率「快吵」，就要讓溝通有的放矢，這樣不但可以令兩人在交流中達到「快」效率，還更會使得兩人的感情在交流中保持熱度。

一對男女在情場上的對弈與角力常常是你給我挖坑，我給你下絆，看你跌倒了，我趁勢把你收編，見你跳坑了，我忙著把土填了，生怕你這棵大樹栽進別人的坑裡！

這怎麼就不能一步到位把手牽？還真是磨心啊！當然得磨！這是情商的鬥智鬥勇，鬥出來的是愛意拳拳、情深切切！

但是磨的過程中也會發生不協調的情感摩擦，這個時候磨的是兩人的忍耐力，磨的是誰更在乎誰。

　　如果兩人的抗磨係數此消彼長，一方妥協了，另一方見好就收，順著臺階往下走，或是雙方都不那麼抗磨，冷戰瞬間垮臺，你說我一句，我說你一句，那麼兩人很快就能和解。然而，最不樂觀的局面是，冷戰的雙方都特別有耐心，這就很容易讓局面變得冰冷，那麼，兩人關係崩裂是很難避免的。

　　看過許多感情失敗的案例，本來很相愛的兩個人，卻都在目的不明、問題不清的冷戰中磨來磨去，最後把當初的濃情都磨蝕殆盡了。

　　我曾提議總是嘴快腦不快的情侶們，在爭吵之前，先做一份計畫書，把自己想說的、想問的，都盡量寫出來，要簡練、明確。

　　如果每次你跟戀人溝通時總是忍不住胡亂「狂轟濫炸」，那麼你不妨把你與情人之間的交流當成一場商務談判，手裡準備好檔案，讓你的態度保持一定的冷靜。

　　用商務談判的手法與情人進行感情談判，這聽起來有點怪，但至少不會像以前那樣把溝通變成口水戰！這樣有的放矢地溝通，能夠事半功倍，不會把戰線拉得過長，更能防止進入冷戰，導致關係僵化，感情降溫。

　　有的放矢地溝通，是交流的「閃電戰術」，可以直擊問題要害，乾淨俐落地解決兩人的紛爭，讓兩人的愛情關係維繫得更加牢固。

改變冷戰狀態：打破原有的平衡關係

劉先生和劉太太前陣子正在鬧離婚，原因是一場被吵出來的外遇。

幾個月前，劉先生出差回來時，意外邂逅了一位90後小美女。說是邂逅，其實主要是小美女主動搭訕的。

劉先生雖然年近四十，但男人四十一枝花，劉先生氣質儒雅，戴著金絲眼鏡，有種壞男人堆裡好男人的味道。這種殺傷力是很迷惑人的。

很快，劉先生的麻煩就出現了！

沒想到這麼巧，那次，正值公司週年慶，公司租了大劇院的場地做活動，邀請了眾多關係公司，沒想到，那位90後小美女居然也在其中。小美女頻頻向劉先生暗送秋波，搞得劉先生心慌慌。

劉先生外表雖然頗具桃花相，但家有悍妻，他屬於有心無膽型，面對小美女的主動，只能假裝無動於衷。

劉先生嚴重表態，他家有賢妻，不想犯錯。小美女說了，他們只是發展一種友誼，並非外遇。

劉先生見招拆招，盡力與她保持距離，還暗暗託人幫小美女介紹男朋友，這反倒令小美女感覺他是個絕世好男人。小美

女揚言一定跟劉先生在一起，做地下情人也願意。

許多人都感慨，小美女要臉蛋有臉蛋，要身材有身材，怎麼偏偏要倒追有家室的中年男？這不是腦殘是什麼？

小美女說，這是愛情。

很快風聲傳到了劉太太的耳朵裡。劉太太去找小美女攤牌，小美女直言不諱，不會影響他們的婚姻，她就是喜歡劉先生，劉先生也喜歡她，他們是真正的愛情。

劉太太被小美女幾句話頂了回來，就把所有氣都撒到了劉先生身上。就這樣，因為這件事，兩人沒完沒了地吵。

劉太太指責劉先生平時太喜歡打扮，招蜂引蝶。劉先生解釋，職場上大家都注意形象，每天都要見客戶，怎麼可以邋遢？

劉太太指責劉先生被人勾引，為什麼不告訴她。劉先生解釋，就是怕她疑心生氣，才沒說。劉太太反駁說劉先生是心裡有鬼！

劉先生大叫，妳不可理喻！

越吵越生氣，越吵越煩心，劉先生索性不吵了，躲出去！兩人冷戰了，誰都不理誰！

劉先生就在公司招待所裡住了下來，小美女在這期間，乘虛而入，對劉先生關懷備至。在冷戰的這段時間，劉先生與小美女的關係已經處在了非常危險的邊緣，若不是劉先生還有些疑慮，早就衝破了最後一條道德底線。就在這個時候，劉先生

突然得到消息，劉太太病了。

劉太太在體檢中查出乳癌早期，需要做化療，甚至還要動手術。劉先生忙去照顧，劉太太當然沒好臉色，依然不理他，反倒自己花錢僱了看護。劉先生偷偷把看護辭了，跟公司請了大假，親力親為地照顧著劉太太。這麼一來時間久了，兩個人彷彿又和睦了許多。小美女這期間也彷彿醒悟了，就漸漸消失，不再糾纏劉先生了。

冷戰說到底，是一對男女關係在爭執中達到一種靜默對峙的「冷平衡」。

這種「冷平衡」，可長可短，持續越長，對感情造成的傷害越重。

劉先生與劉太太紛紛採取冷戰來對彼此進行懲戒，對對方採取「三不理」原則，這樣兩人的情感關係在當時有「外敵」入侵的情境下，是非常危險的。

從許多已經發生過的案例中不難看出，在這種情形下，女人們往往都會做出這種舉動，以為如此就能將男人鬥下去，而結果卻恰恰相反，她們這樣做總是生生地把自己的男人推向了另一個女人的懷抱。

所以，如果沒有十足把握，千萬別輕易嘗試冷戰！那麼，如果已經進入了這種「冷戰狀態」，又該如何去改變這種狀態呢？

只要一方的戰鬥力沒有另一方強大，鬥志沒有另一方昂揚，那就很容易改變這種局面。

譬如，劉先生後來做出的妥協，也令劉太太感到了自己在他心中的位置。而劉先生的付出也同時證明了他在劉太太生活和生命中的不可取代的價值和意義。劉先生做出的妥協加重了他在「冷平衡」中的情感砝碼，這時「冷平衡」失衡了，冷戰也就就此結束了！

我還曾見過一個類似的故事，講的是一對男女朋友，已經到了談婚論嫁的階段，女友忽然聽說男友又跟前女友有了聯絡，其實是一場誤會，可是女友太倔強，兩人吵得很凶，後來開始了冷戰。一天，無意中，女友聽說男友最近一直忙於照顧他突然病重的母親。於是，女友親自過去幫忙，直到陪著男友送走他母親。男友終於撲到她身上痛哭起來，兩人又和好如初了。

當感情狀態進入冷戰，別總從自我角度出發，這樣絲毫解決不了問題，只會惡化問題。動一些心思，拿出一些坦誠，即便用妥協來打破這種「冷平衡」，對方也不會對你產生不屑或是藐視。因為，你在真摯地挽回這段情感關係的同時，也證實了你對對方的感情並不是一句空談。在那些波瀾不起的日子裡，你真心的呵護與關愛，會再次讓你與對方的心海泛起愛的漣漪。這才是你們最真的幸福。

所以，你們都要知道，冷戰繼續「平衡」下去，與痛失這

份幸福就會只有一步之遙，而打破僵持中的「平衡」，就能改變這種冷戰狀態，繼而讓你們的愛情之火繼續熊熊燃燒。

小問題不解決，放幾天就會成為大問題

陶先生在發給我的一封 E-mail 裡，講述了最近他和女友之間的情況。

陶先生與他的女友自從交往，每發生一點摩擦，都是他謙讓，可最近女友還是跟他提出了分手。

他真的不明白。

陶先生在信中說，其實他與女友每次發生爭執都是因為一件件小事情，比如，那次，她表姐喬遷之喜，他們決定送一樣禮物，陶先生想給女友一個驚喜，就託國外的朋友從澳洲帶來一塊純手工的羊絨毛毯。結果女友嫌這禮物太小氣！陶先生卻覺得送東西就是一個心意。

兩人幾句話不合，吵起來，陶先生轉身就走，也不跟她吵了，是非曲直讓她自己去想！

最終，陶先生也沒去參加女友表姐的喬遷之喜，兩人還第一次爆發了冷戰。

　　還有一次，去參加女友朋友的生日會，結果席間一位帥哥跟女友打得火熱，不善交際的陶先生坐在一旁心裡滿是氣。那天，陶先生早早地離開，沒理會女友。女友因他走的時候連聲招呼都沒跟她打而十分生氣，幾次打來電話跟他理論，結果都被他打斷。

　　之後，又發生許多事情，陶先生都以冷戰的方式，把事情的「主動權」丟給女友。

　　前段時間，女友終於忍無可忍跟他提出分手，說他這個人實在太強勢了！

　　陶先生問我：我強勢？我都已經讓著她了！我已經躲她了！她還要我怎麼樣！所有事情我都不過問了，不參與討論了，全由她說了算，她還有什麼不滿意？

　　我在回信裡問陶先生，如果你的謙讓和默許態度不是透過冷戰的方式表達，對你來說會不會很難？

　　我告訴陶先生，他採取的冷戰在他以為是自我逃避，是對女友任何作為的默許與妥協，但在女友的眼裡，卻完全不是這回事。

　　摩擦產生了，不愉快的情緒出現了，兩個人之間瀰漫著火氣，有火氣，兩人就要交火。你一方撤離戰線，並非戰事的結束。你在戰線之外，又拉起一道冷漠的防線，不與女友繼續討論、爭執，甚至連她的電話都不接了，這怎麼能行？

對於女友來說，陶先生只是在累積問題。

表面上看，男人是把決定權丟給了女人，而這在女人看來，男人是放棄，是漠視了與她共同解決問題的權利和義務。要知道，這權利和義務說明了男人的愛情指數和對另一方的關切熱度。女友從陶先生挑起的冷戰中解讀出的，正是他在這兩方面的缺失。

問題又一點點累積成很大的一件，最終，成了一個沉重的包袱。這樣大的問題累積，終於把她壓垮了！

女友能不崩潰嗎？女友能不懷疑你對她的感情嗎？

但事實上，陶先生的冷漠、躲避，是真的不關心不愛女友了嗎？顯然不是，他只是用錯了方法，只是對處理問題持有懶惰和推卸態度。但僅僅這兩點，就足以重傷兩人的感情關係。

要維護一段感情，就需要雙方的努力與智慧。不論何種原因造成的互動短路，對感情都是很有破壞力的。

現實中，人人都會有感情問題，面對感情問題，我們常常會遭遇這樣類型的人：針鋒相對型，死皮賴臉型，全權託管型，還有一種是自我迴避隱身型。

前幾種，都不在冷暴力範疇內，最後一種卻是扎扎實實的冷暴力推行者。

兩人有了問題，你要跟他吵，他躲；你主動找他談，他隱身不見！

而他反倒標榜自己是低碳環保主義者！美其名曰，他討厭吵，討厭糾紛，討厭矛盾。實質上，他是討厭麻煩！

感情怎會沒有麻煩？男女本是兩種相生相剋的動物，即便是一起生活了一輩子的夫妻，也還會因為這樣那樣的矛盾吵起來，鬧起來！

面對感情，不能怕麻煩，消極、躲避、冷戰最終只能讓你越來越感到麻煩！

冷戰只能一時擱置了問題，既壓制不了也解決不了問題！這實在是一種損人不利己的掩耳盜鈴、自掩耳目的愚蠢辦法！

我們將一塊新鮮雞肉放進冷凍箱裡儲存，就會發現，在零度以下的溫度中，它會變硬，體積變大。這就像是一個感情問題，被你冷處理地放進「情緒冷凍箱」裡，時間越長，它的硬度越大，個頭也越大。當初的一點小問題，在彼此之間冷情緒傳遞和碰撞間會變得越來越大！

而這個大冰疙瘩，不論對哪一方，都是一個重重的負擔！

一位老客戶前幾天跟我說，她剛結束了一場冷戰。我問她怎麼結束的，她說，她終於想開了，冷戰真是讓她感到太憋屈、太鬱悶了！索性逮住他，跟他大吵特吵一通，把以往壓抑在心底的事情，一吐為快！

我問她：現在跟愛人怎麼樣？

她露出了釋然和甜蜜的表情，隨後又有幾分忐忑地問我：

這麼處理好不好？

我說：其實怎樣處理感情問題，沒有一個絕對的方法。人類感情是世間最複雜的精神構象。對於任何人來說，如何處理感情，積極主動的態度總是會見成效的。

有些人的感情出現問題，是因為他們對問題理解不夠；有些人則是沒有危機感，對問題缺少察覺力；有些人則是意識到了問題，卻習慣迴避，採取冷處理。

但問題是迴避不掉的，而冷掉的則只會是你們的情感溫度。

所以，千萬別把感情問題放進「情緒冷凍箱」裡「保鮮」，那樣只會隨著你們的情緒凍結，讓感情出現一個個難以化開的死結。

寧可把問題拿出來，放在鍋裡「爆炒」，把問題炒得皮開肉綻，炒得有聲有色，也不要把問題封存起來，留作兩個人分手時的下酒菜。

結束冷戰的方式：一種是妥協，另一種是決裂

那天午休，我忽然接到一通斷斷續續的電話。

之所以說它是斷斷續續，是因為打來電話的那位自稱白雲的女孩子，不時哭得不能講話，我只好耐心地等她哭完，再繼

續聽她傾訴。

白雲在電話那頭抽泣著跟我說，她跟男友冷戰快一個月了，直到現在他仍沒聯絡她，她表面裝作無所謂，其實心裡早就怕得不得了，她真怕哪一天，男友會突然對她說分手，或者，連分手都省了，直接跟別人交往！

我問白雲：那妳還遲疑什麼呢？既然這麼怕失去，為什麼不去挽回、不去修復呢？一段出現裂痕的感情，就像一個有裂紋的瓷碗，妳怎麼對待它，全看妳自己內心的喜惡。真心喜歡，捨不得放下，那就試著去修補；如果實在難以忍受，又無心去修補那道裂痕，那就硬起心腸，攤開五指讓它碎個徹底！

白雲唯唯諾諾地說：可冷戰是我先挑起來的，我現在怎麼能妥協？

我大叫：天哪！不然妳還想怎樣？過了這麼久了，妳男友還沒回頭來找你，這說明，妳很難等到他主動妥協的一刻。感情出現僵局，總得有一方去打破，對方不願做的，妳可以去做。情人之間，先別去認真計較什麼對錯，妳不開口，事情就會朝著妳不希望的方向發展，那才是因小失大！

白雲又說起，她與男友冷戰的真正原因是因為家庭瑣事。

我問：什麼樣的家庭瑣事？

白雲支支吾吾了半天，終於開了口。

原來，白雲的父母對她的男友不太滿意，嫌他家境不好，

薪水不高，各方面也都一般。白雲卻覺得，他們相愛，她不在乎他家境是否優越，薪水高不高。再說，人不會總是一個樣子，只要努力上進，終會有改觀的。

就這樣，白雲因為戀愛的事情，跟家人幾次爭執。

面對白雲的堅決表態，家人卻沒有改變態度，先後幾次逼迫白雲去相親，當然都被白雲拒絕了。但家人仍沒死心，有一次，白雲帶男友回家吃飯，家人就故意在男友跟前提及白雲相親的事情。男友很不好受，當晚就跟白雲發生了爭吵。白雲跟他解釋說不告訴他，是怕他多心。白雲被氣哭了，男友心軟了，慌忙過來哄。

兩人和好了沒多久，白雲的家人又請出家裡的王牌——最疼愛白雲的奶奶勸說白雲。

因為年邁奶奶的緣故，白雲硬著頭皮去相親了。可是，當天的約會，因為白雲父母的故意走漏風聲，而被男友看得清清楚楚。

兩人又發生了激烈爭吵！氣頭上，兩人說了許多絕情的話，白雲一氣之下，就不理人了！

說到這，白雲又在電話那頭哭了起來。

我知道，他看見我跟別人相親，很傷心難過！可是，我愛的人是他！我去跟那個人見面，完全是為了照顧我奶奶的身體，去演一場戲！那個人有意跟我交往，我當場就拒絕了！我

做這一切，不都是因為我愛他嗎！他怎麼就不理解我？難道我就好受嗎？為了和他在一起，我頂著多大的壓力！還不是因為我愛他！他現在不理我！他太沒良心了！

我聽著白雲邊哭邊說，心裡也在為她捏著一把冷汗。

男友有些敏感自卑，白雲又太過固執壓抑，這兩個內向型人玩起冷戰，那是相當冒險的！

怪不得能持續玩了一個月還不停下，不嫌累的！

白雲與她男友之間的感情問題，在現實案例中，並不罕見。

在多數情況下，只要雙方堅持，都能在愛情這條路上修成正果。但也有不堪壓力不堪誤解而頻發爭吵，最終沒能牽手成功的。

兩個人的愛情，卻往往不僅是兩個人的事情，還要面臨現實、家人等各方面的考驗，這期間難免有波折，在此波折中，如果你採取了冷戰，就無異於雪上加霜。

要想解除冷戰，和好如初，其實答案很簡單，你愛他，就不該計較用妥協來挽回感情的得與失。因為，你妥協了，對方接受，最大的得是愛情，對方拒絕，最大的失也是愛情。

如果彼此間沒有了愛情，你也就沒必要去計算妥協的機會成本。而如果彼此間還有愛情，那麼為了保全愛情，暫時做出的妥協就不過是「丟卒保車」的權宜之計。

愛情是男人與女人之間一輩子博弈的情感，豈會只有這一局？這局你勝了，下局我占上風，其實打來打去，吵來吵去，並不是真為了爭出個誰輸誰贏！今天你低頭，明天我認錯，鬥的是情商，玩的是情趣，增進的是情感！

處於冷戰中的感情，就像一朵被冰凍的玫瑰，要麼用寬容、溫情融化冰塊，讓它鮮活起來；要麼拋之不理，甚至摔碎冰塊，將它盡毀！

在發生冷戰時，放棄了愛情裡的「面子」，才能挽回愛情的「裡子」！如果，雙方都守住「面子」，那麼「裡子」只能成為不中用的廢品！

別期待，在冷戰中，既守住「面子」，又護住「裡子」！

僵局中，是沒有兩全的！別犯傻了！

明明白白告訴你，結束冷戰的方式，除了妥協，就只有決裂。

感情有時脆如蟬翼，真的禁不起太多折騰！感情是把雙刃劍，不存在單純一方的被害與傷害。

不要小看冷戰的殺傷力，用冷戰重創對方，你也會受傷。

當你挑起冷戰時，就先問問自己，你是否能一硬到底？硬到將「不妥協」進行到底，硬到內心足以接受失去這段感情的結局。

因為，冷戰展開之際，你能尋找到的出口，解除掉冷戰的就只有要麼妥協，要麼決裂，除此，你沒有第三條路可選。

建立規則，不要好了傷疤忘了痛

最近接到游泳教練傑克的邀請，出外小酌。

我曾為摘掉頭上這頂「旱鴨子」的帽子，被朋友慫恿，報名學習游泳，傑克就是我當時的教練。

之前，從朋友口中聽說傑克其人，是帥得沒有上限，結果第一次，我在游泳館見到傑克，就深深地感嘆，真是聞名不如見面！

傑克有四分之一愛爾蘭血統，四分之一印尼血統，四分之一中國血統，還有四分之一的蒙古血統。

這血統混搭的程度，堪比歐巴馬！

再次見到傑克，他渾身散發一個被甩男人的鬱悶氣息。

傑克說，他剛被女友劈腿了，而且是報復性劈腿！

我大叫出來：你女友真厲害！

傑克說：妳能不能有點同情心！

我保持沉默，聽他繼續傾訴。

其實大致的內容並不新鮮。我在跟傑克學游泳時就發現了這個問題，他很有魅力，友好又熱心，對於異性的主動，也不回應，更不迴避，很是具有大眾情人的潛能。這讓女友非常不放心！

一位游泳教練屢次被女友懷疑與其眾多女顧客有染的故事，說起來聽起來都有些惡俗，但在現實生活中，它就是以這樣和那樣的面貌反覆發生。

傑克覺得女友大驚小怪，與顧客熱絡是他職場自我行銷的手法！他希望讓顧客留下一個好印象，這樣顧客之間一傳十傳百，來找他學游泳的人會越來越多！但女友覺得他行為不檢點，朝三暮四，喜新不厭舊，對感情不忠貞！

事實上，傑克並未與女顧客有過什麼實質性的越軌行為，他的確是在利用自我優勢，為自己謀求人脈，而女友的指責也不是沒有半分道理。

爭吵的過程不必贅述，總之，吵來吵去，鬧來鬧去就是為了這點問題，冷戰反覆鬧過了許多次了，傑克也做過保證，女友也做過反思。

可是沒過多久，老毛病再犯，傑克依然跟女顧客熱絡，女友仍對傑克冷眼。再次下保證、做反思，顯得沒有絲毫意義了，最後，傑克也不做保證了，女友也不反思了，就慪氣冷戰，各自該幹嘛幹嘛，相互不理了！

傑克這邊還在鬧冷戰，卻聽聞女友有了新歡。

被女人傷了心的滋味，傑克還是第一次體會到！從來都是他甩人，第一次被人甩，心理落差太大了！

傑克的問題在於，他與女友在爭吵中的互動成果，他保持

不了多久，很快就失憶。

傑克「屢教不改」，女友屢次懷疑，後來，連吵的興致都省了，哪還能不冷戰？

有一句話叫「吃一塹，長一智」。在一件事情上傷感情是正常，反覆在一件事情上傷感情就是愚蠢。

情人之間，如同傑克和他女友這種失去反省和約束能力的爭吵或冷戰是毫無意義的。

這樣只能反覆地折磨感情，而做不出對感情關係有半點建樹的事情。

在處理感情關係時，一旦出現矛盾摩擦，不論哪一方用冷戰來處理，都是在對感情硬度密度的一次試驗與挑戰。

不管是小冷還是大冷，是短冷還是長冷，冷過之後，你真要想清楚，如何防止下次再進入「冷循環」。

有時候，冷戰對感情的傷害性，並不是你想彌補就彌補得了的！

男女之間，因為同一樣事情爆發爭吵或發起冷戰，無論這次冷戰是如何結束的，身為當事人，都需要做思考，立下規矩，以防下次再犯。

吵多了，感情就像一碗煮久了的麵條被淡化，變得無味了，原有的濃情也就被破壞了。

一對男女在相遇之前，很可能處於不同的生長環境，有不

同的家庭歷史、不同的人生閱歷，個性、喜好、人生觀、世界觀等等各方面都會不同，一旦相處，太多太多的爭吵原因，林林總總，瑣碎，就會讓情感生活充滿各種針尖大的細小問題。

相愛的兩個人正因為互相重視，互相在乎，才會細緻地思索問題，有時候一丁點不妥，都會引起這樣那樣的情緒、矛盾。而換成一個陌生人，你恐怕根本沒那個閒心跟他扯這麼多！

戀愛，也是練愛，練習愛自己，也練習愛他人。在愛的過程中，兩人會時常因太在乎、太怕失去而變得有失常態。

誰叫愛情本身就是一場病呢？

兩人戀愛，關鍵在於，兩人共同學習到愛與被愛的本領，達成一種默契，修正彼此的不足，使彼此更適合，令彼此更快樂。

每個人對自我認知都有一個心理盲點，一個人最真的形象往往在與他相親相愛的人眼裡。打打鬧鬧中，不要因為珍重感情而誤傷了感情。

你揪出他的錯，他也揪出你的錯，不想反覆犯錯陷入冷戰，你們就都需要長長記性！

實在記不住，那就約法三章，把壞話說在前頭，對那些不長記性的，堅決要罰，不能姑息！

不要再讓同樣的錯誤損傷感情。

感情很寶貴，也很脆弱，千萬千萬別把感情當成堅固的玩具，它真的沒那麼強悍。

你的內心也沒那麼強悍！

所以，好了傷疤，就要時刻記住那份疼！

下不為例，是預防冷戰的有效良方。

第六章
較勁也要有效率：
愛人之間不可不知的
吵架原則

吵架也有隱私權，不要讓其他人介入

從前我住的社區，隔音非常不好，人在屋裡都能聽到鄰居吵架，我的隔壁就住著一對總是吵架的夫妻。

每次只要他們一開吵，我這邊幾乎每個字都聽得清清楚楚，就像在聽現場直播，有一些大嬸還一副熱心腸地跑去敲門勸解。可每次門一開，女主人都一臉和顏悅色地問：有事嗎？搞得大嬸們還以為自己敲錯了房門。

那時，我就覺得，這位女主人很有智慧。

俗話說，「家醜不可外揚」。

許多時候，人就是愛八卦，愛探聽別人隱私。就算你家的事情你自己不外揚，也有人挖門盜洞地打聽思索，然後再加工，以作茶餘飯後拉攏人際關係的話題！

多可怕，多無聊，又多麼尋常！

夫妻也好，情侶也好，爭吵時總是大腦失控，行為凌亂，隨手抓到什麼，就揪住不放！

吵來吵去，有的人妥協了，有的人分手了，有的人冷戰了，還有的人自認為自己很聰明，去叫外援了！

叫外援幫忙解決感情糾紛，這並不是不可取，但要分清什麼問題可以說，什麼問題不可以說，還要記得要先取得對方的

同意。

　　如果你連打招呼都省了，直接把其他人領進來探討你們之間的情感問題，在毫不顧忌情人感受的情況下，把發生爭執的種種細節都翻出來，還無意中牽扯出一些你們之間的隱私，這會令你的情人很崩潰的！

　　像呂先生就經歷過幾次這樣的困擾。

　　那次，呂先生在職場上再次受了挫折，原本以為十拿九穩的升遷，卻在最後時刻泡湯了，正在這時，另一家公司向呂先生伸出了橄欖枝。女友得知後，就竭力說服呂先生跳槽。呂先生捨不得原來的公司，覺得重新開始風險更大。女友卻認為，新的環境更有發展機會。

　　就因為這個，兩人鬧得意見不合，結果女友就拉朋友來護航。女友當著朋友的面，把呂先生的事情原原本本說了出來！呂先生覺得自尊心受挫，彷彿全世界的人都知道他的升遷申請再次被駁回，所有人都在懷疑他的個人能力！可女友卻振振有詞，認為她是為呂先生著想，想拉個人幫他分析，出主意。

　　還有一次，因為無事，他在家裡放 A 片看，被忽然來襲的女友發現，女友認為他太好色，太變態。呂先生解釋，這是大部分男人私下都會做的事情，這並不代表對女友感情不忠，沒什麼大不了。女友當即要呂先生把電腦中的所有 A 片都清除乾淨。為了照顧女友情緒，呂先生也照做了。

　　誰知，第二天女友居然找來一個十分懂電腦的朋友，檢視呂先生的電腦裡是否還殘存什麼祕密資料夾！

　　這回呂先生真是氣著了，好幾天都沒理女友！

　　說到這裡，呂先生已經情緒失控地對我吼起來。

　　她怎麼就不知道保護隱私呢？兩個人之間的事情能隨便跟別人說嗎？朋友？朋友的嘴巴最不嚴！

　　她是不是對朋友有感情依賴症啊？我們之間一旦發生了什麼不愉快，她就立即回饋給她的那幾個朋友！

　　有一次，我無意中看了她跟幾個朋友的聊天紀錄，她們居然幫我取了綽號！什麼職場失意男！小氣男！

　　呂先生說，他現在在女友的朋友面前真的抬不起頭！身為男人那點自尊和隱私都被自己女友扒光了！

　　他非常鬱悶！

　　呂先生曾勸說女友，兩個人的事情，兩個人來解決，不要把什麼事情都跟別人說。

　　女友卻說：我怎麼知道你會不會騙我，會不會耍我？她們都是我最好的姐妹，我找她們幫忙把關，這很正常！

　　呂先生問我：這正常嗎？

　　我笑了笑告訴他：正常，也不正常。

　　其實，所有女人都有與別人傾訴困擾的心理。她們希望得

到一定程度的支持與認同，確定下一步該走的方向。

呂先生的女友顯然是過度地發揮了這一心理，不顧及呂先生的感受與自尊，把所有事情都全盤交給朋友們來評判和解決。

相愛的兩個人，在接近彼此時，會發現彼此更多的閃光點、可愛之處，同時也會發現這樣那樣的缺點和瑕疵。

但你要清楚，愛人在你面前展現的缺點、瑕疵，很多是他並不想對外界敞開的隱私。

譬如，他有腳臭，他緊張時口吃，他有紅綠色盲，他喜歡看限制級的影片。

譬如，她總是分不清左右，她的腿毛很多，她胸口上有顆碩大的紅痣，她肚子上有疤，她體重曾經 188 磅。

這些，都是屬於他（她）的個人隱私。

只因你們是彼此的愛人，他（她）才不拘小節，不用心掩飾。一旦關係親密無間，你們相互了解的這些被暴露無遺的地方，就是他不願向外界表露的短處和軟肋。

情人之間吵起來，有時候真的很難掌控住情緒，即便在沒有外人的情況下，也會說出句句傷人的話。

這個時候，你或者他（她），將一個外人拉進來做調停，在沒有告知對方的情況下，就很容易讓對方產生誤解。這種在第三者介入下的溝通，就會出現或者對方因自尊、難堪束縛了溝

通意願，或者一時間更難控制場面，兩個人當著第三者的面破口大罵、相互指責、言語中難免會帶出隱私這樣的局面。

所以，情侶之間無論吵到何種地步，都不要隨意地把某些細節傳揚出去，即便是對著家人、最好的朋友、同事、同學。或許，對於你來說，你的家人、好朋友、同事、同學都不是外人，但對於你的另一半，他（她）就會覺得，這些人都是介入你們感情關係的第三者。

讓第三者介入你們的爭吵，並不利於你們之間問題的解決，而且你們往往還會有意無意地當著外人損害了彼此的「面子」。

男人、女人都愛「面子」，當你自認為這種中間人介入的坦誠方式有利於溝通的時候，也該想想，這樣做好不好。

情人之間要相互尊重，這份尊重不只是放在心裡，也要在交往中展現。

別隨意讓第三者介入你們的爭端，因為，情人之間的爭吵，總會牽扯到隱私！

別做沉默的羔羊，確保順暢地溝通

那天上午，當汪小姐與秦先生坐在我面前時，我感覺到二人的氣場明顯懸殊。我請他們分別闡述兩人之間的問題，而最終大部分訊息都是從汪小姐口中得到的。

汪小姐說，她想分手，可秦先生就是不同意，每天還纏著她不放。

我問秦先生：為什麼？

秦先生說：我不明白，我們在一起好好的，為什麼要分手？

汪小姐爆發了：什麼叫好好的！我跟你說任何事情，你都是點頭；跟你討論甚至爭吵，你都像個木頭人！我自己一個人傻瓜一樣地唱獨角戲，你到底有沒有想過我們之間的問題？你到底還愛不愛我！

秦先生又沉默了。

汪小姐告訴我：他總是這個樣子，我一向他尋求意見，或者提出質疑，他就是沉默！我感覺自己就像跟個死人談戀愛！我真的受不了了！

秦先生終於開口：我不說話，是不想反駁妳，一切全都由妳來拿主意，我都聽妳的，這有什麼不好？

汪小姐大叫：他終於表態了！

聽見汪小姐大叫，秦先生又悶頭無語了。

我告訴汪小姐，秦先生並不是不愛她，而是太愛、太在乎了，所以變得畏首畏尾，連話都不知道怎麼說才好。他並不是沒有思想，沒有意見，或者沒有牴觸情緒，他只是在心理壓抑、容忍、順從、妥協。這一切都是因為他愛妳。

汪小姐疑惑：他愛我？為什麼不跟我溝通？為什麼所有事情都讓我一個人打定主意？可我有時也不知道怎麼辦才好！我真的很希望他能給我建議，我希望我們兩個人能對彼此多一些關心，可他總是毫不關心的樣子，把我說過的話都當成了耳邊風！

這時，秦先生終於又說話了：不是這樣的！我以為妳心裡已經有了主意，我就是不想讓妳因為我有不同意見而感到不舒服，讓妳誤解我對妳的感情。

我終於大呼一口氣：秦先生！你終於說話了！

汪小姐痛苦道：如果以後結婚了，會有更多的矛盾！那時候，我該怎麼辦？你完全沒有意見，全聽我的？

秦先生有些慌忙，說道：我只是不知道怎麼溝通才能順妳的心願，所以，就寧可不多說。

我真想安撫下秦先生，這人真是太可愛又太可憐了！

像秦先生這樣的好男人，還沒被女人甩，真是他的萬幸，

也是女人的萬幸！但他的這種表達愛的方式，令感情裡沒有了互動。女友無論說什麼吵什麼，到他這裡，都自動地被吸收、過濾掉了，一點反應都沒有。

秦先生的溝通能力真的有待提升！

試問，情侶間順暢地溝通真的那麼難嗎？確實不是一件很容易做好的事情。有些人是找不到溝通的適宜方法，有些人是害怕溝通帶來困擾，有些人是覺得沒有溝通的必要。

不管是哪一種，都將會為兩人的感情關係帶來這樣或者那樣的負面影響。

像秦先生這種人就是怕溝通帶來困擾，所以就自動地讓權了，把兩個人的情感交流、思想交會變成了女友一個人的演講。

秦先生對情人之間的溝通顯然有誤解，他認為溝通只是為了令另一方愉悅，所以很怕自己說出令對方不滿意、與對方沒默契的話，讓對方懷疑他們的愛情，因而就「因噎廢食」、「因愛失語」了。

這是用自我犧牲「話語權」以期博得感情的一帆風順，換來情人的歡顏笑語。

而事實呢？感情不會因此一帆風順！情人不但沒有歡顏笑語，反而變得滿腹怨氣！

女人天生重視溝通。

　　她們喜歡被男人寵、被男人愛，喜歡聽男人說我愛妳、我喜歡妳。在產生矛盾時，她們總是喋喋不休地嘮叨！發火洩憤時，她們會叉腰橫眉，指著男人的鼻子大聲怒罵！

　　這個時候，她跟男人說什麼男人都一副自備隔音牆的模樣，她能不生氣嗎？

　　男人呢？男人雖然喜歡女人溫柔，喜歡女人順從，但沒有一個男人會喜歡沒思想沒個性的附庸品。

　　男人也要溝通！肢體的，語言的，兩者兼具的，總之，不管哪種溝通，男人都需要藉此來確認女人對他的愛！

　　聽不見情人的想法，男人或者女人都會抓狂！

　　溝通對於感情是至關重要的，不然，不同的兩個生命個體若僅僅是以單純的性吸引，或者迷信前世今生的宿命，怎能走得到幸福的彼岸？

　　即便心靈相通的一對情侶，也需要言語和肢體來表達心意。有了問題，不要以為，你們就真的清楚彼此的想法。

　　即便我真的懂得你，你真的了解我，也還是要說！別玩「我猜我猜我猜猜猜」！

　　當你把愛情搞成「一言堂」的模式，實質上，你是把自己從感情關係人名單中刪除掉了。你保持了沉默，放棄了你的「參與權」，同時也造成了情感樞紐的堵塞，有問題都推給他一個人來決定。愛情裡沒有了互動管道，如何溝通？如何解決問題？

　　反對或者迎合，建議或者妥協，都沒有絕對的對錯。愛情裡需要不同的聲音，這樣才會有碰撞、有回應、有共鳴，有愛的火花產生。這火花裡會有煩惱，但也因此讓感情得到進一步升溫。

　　不要因為對情人的「盲愛」就做了愛的瞎子、愛的聾子，更不能把自己在感情關係裡的權利和義務當成負擔與困難。

　　當你把這些權利和義務習慣性地當成了「愛」的負擔而捨棄掉時，你同時捨棄掉的也是「愛」的樂趣與歡喜。如此，你終會成為這段感情裡的「隱形人」，讓情人真的徹徹底底忽略你，讓你失去愛情！

不論愛得多深，記住一點，誰都可以說「不」

　　燕妮出現在閒暇的午後，她臉上的神情有幾分落寞。

　　她說，她覺得自己愛得很累，愛得越來越怯懦，她越來越不像自己了。而她隱約感覺到男友彷彿越來越不在乎她了。最近居然發現，他跟別人搞曖昧，還去飯店開房間！

　　她不知道該怎麼辦。她付出了那麼多，什麼都聽他的，心裡裝的都是他，他為什麼還要這樣傷害她？

　　燕妮說著說著，啜泣起來，我遞紙巾給她，她說了聲謝謝，抬起悲戚的臉，對我說：妳知道嗎？我真的很愛很愛他！

　　以往處理過的這種案例並不算少，男人或者女人在抱怨，在委屈，在傷心，到最後再加上一句置生死於不顧的話！這樣的愛情不論結局如何，總是讓人心疼！

　　接下來，燕妮繼續跟我講他們的愛情故事。

　　燕妮說，她與男友的相識就像是一場浪漫電影。

　　那時，燕妮在捐血站工作，有一天男友和他的幾個同事來捐血。男友居然有暈血症！

　　燕妮剛為他的一位同事抽血，男友一見那情形便暈倒過去。過了許久，男友才醒來，第一眼就看見了一直在身邊守護著他的燕妮。

　　他們幾乎是同時愛上對方的，是那種電光火石之間的一見鍾情。

　　還從未談過戀愛的燕妮感覺自己真像忽然穿上了水晶鞋的灰姑娘，被王子發現了！

　　每天都在想他，做所有事都是為了他，他成了她生命中的全部！

　　男友也很愛她，只不過他很有主見，又有些大男孩的任性，每次發脾氣都非常凶。

　　燕妮覺得他是個沒長大的孩子，她願意用自己的愛來包容

他，陪他一起成長。男友的脾氣卻在這種「愛」的「照顧」之下，越發強勢，越發自私。對她煮的飯，對她偶爾的約會遲到，對那些陌生人對她的搭訕等等，有一點不滿意、不愉快，就會令他大發脾氣，對她生出質疑。

她解釋，他不願多聽，她只是一遍遍地解釋，一次次地向他保證她的愛。

對他說的話，對他在乎的，對他無法容忍的事情，她都竭力記住，保證不再觸犯，更不敢對他提出的事情和發起的建議有所反駁，他說什麼，她都聽，並保證做到。

她知道，自己真的很愛他，不能失去他。她不敢再製造一點點的不快樂給他，每天都竭力地討好他，逗他笑，哄他開心。

令燕妮意外的是，她一次次地讓步、妥協、容忍，換得的卻是他的背叛和輕視。

那天，燕妮接到同事發來的簡訊，這才知曉男友與一個女孩幽會的事實。

燕妮哭著問我：我這麼愛他，一切都圍著他轉，為他著想，為他犧牲，可他為什麼還會喜歡上別人？

看著傷心過度的燕妮，我在心底默默嘆息。

燕妮在這段感情中，全力以赴地「飛蛾撲火」，她燒傷了自己的身心，也燒毀了對愛情的信心。

　　在眾多類似案例中，像燕妮這種「飛蛾撲火」式的愛情，不管是一個人撲，還是兩個人同時撲，通常情況下，結果都很慘。

　　這並不是說，愛情不值得我們投入，但投入的同時，我們要懂得，愛情的發生是一瞬間的事情，愛情的經營和維護是需要一直做的事情。

　　發生愛情，需要緣分，需要身心相互吸引，需要天時地利人和。

　　維護愛情，需要智慧，需要耐心，需要不斷學習，用心體會。

　　這不是一股腦地撲上去，不畏生死能夠做到的。

　　一對男女成為情人，愛得越深的一方，自然會付出越多，這無可厚非。但在你給予愛的同時，記得自己愛的姿態，不是俯身倒地虔誠獻貢，而是站在與對方同等高度平等地交流與守護。

　　對愛的領悟和釋放是有個體差異的，所以說，即便是一對一見鍾情的戀人，在之後的戀愛過程中，也會因為這種個體差異造成兩人施予和索取愛的能力不同，對對方愛的深淺也就因此有所區別。

　　所以，愛情關係是平等的，並不能保證彼此愛的深淺是相同的。從另一方面來說，愛的深淺不一，也不該影響兩個人在愛情關係中的平等地位。

相愛的兩個人，是平等相親相助的關係，並不是你一味付出，或者我一味辜負。

「飛蛾撲火」式的全心投入，會令我們無底限地放棄自我，踐踏愛情關係的平等，做了一個失去自愛自尊的「愛情病人」。

想要被愛，就要懂得如何去運用愛。不能把愛當成無窮無盡的寶藏，任意挖掘與揮霍，更不能把愛當成是理所應當，隨意占有。

愛情是有來有去，有付出有索取，才會不斷昇華。

因為愛，你做了忠犬，俯首帖耳於你內心堅信不移的愛情箴言，而這隨後帶來的傷害是你想都沒想到的！

這不能完全怪對方，你該想想，是否自己做得太多，承受了太多，卻沒給對方付出的機會！

19 世紀挪威偉大的戲劇家亨里克·易卜生（Henrik Johan Ibsen）寫過一部著名的社會心理劇 ——《玩偶之家》(*A Doll's House*)，就已經說明了一個問題，愛情中任人擺布、失去自我的人，終究會失去愛的樂趣。

愛是自由解放真性情的東西，不要被它綁縛拘禁。

當你把對方捧為超級明星、天王巨星，將對方的所有凌駕於你之上時，你就會伸長脖子仰望對方，而不是與對方並肩嬉戲，溫情甜蜜。你這樣做只會讓對方像冥王星、海王星那樣，越來越遠離你，令你摸不透心思，抓不住邊際，終將消失在這

段感情的千里之外。

而你越是一心一意地追逐對方，就越是如同「追日」的夸父一般，費心費力又費血，最後卻只是傷心傷神又傷自尊！

愛，怎麼會變成這個樣子？

愛，從來就不是這個樣子！是你選錯了方式！是你還不懂愛情關係裡的至要因素 —— 平等。

不論你多愛他，多麼怕他不高興，在有不同意見的時候，都要說 No ！在心裡不爽的時候，要說 No ！在你無法承受那麼多的時候，也要說 No ！

把你的想法與觀點，與他適時溝通，在該說 No 的時候，不要壓抑。別做愛情的啞巴，別當愛情的傻子。做他的與他平等的情人，做愛的主人。

事情確定了再吵，不要僅憑自己的懷疑

在愛情面前，人人都有小心眼，人人都有疑心病！愛情關係如何，在這點上，只在於你如何掌控，能不能控制好度！

別讓疑心病成了無法控制馴服的洪水猛獸，吞了對方，也吞了你們的愛情，那結果真的一點都不好玩！

週末晚上，我收到了一位署名盧小姐的諮商者發來的郵件。

盧小姐說，她的男友疑心病非常重，搞得她快要瘋了！

盧小姐告訴我，她從小到大的運氣都不錯，家庭美滿，父母愛她如掌上明珠，她長得漂亮，性格開朗，人緣一直不錯。大考那年，她學業成績一般，大考成績只夠大學錄取最低錄取標準。雖然只上大學，但就在畢業的那年，她卻非常走運地被一家很有名的私人企業聘用了。

到公司不久，就先後有好幾個男同事追求她，她最終選擇了現在的男友。因為男友個性持重，業務能力強，雖然有些內向，但對她呵護備至，體貼入微，跟他在一起，她心裡總是暖暖的。

盧小姐說，她生長在非常保守傳統的家庭裡，十幾歲的時候，母親就提醒她，不要隨便跟男友發生關係，要把初夜留在新婚那天。交往了一年多，男友幾次提過同居的請求，都被她婉言拒絕了。她知道，一旦接受了，她就很難把持住自己。

聖誕節那天，男友和她在男友的公寓裡做了許多吃的，還買來了酒。邊吃邊喝邊聊，其間，男友用幾個月薪水買了一枚鑽戒送給她當聖誕禮物，還深情款款地為她戴在無名指上。

盧小姐當然清楚這枚鑽戒價格不菲，也明白男友的心意。她欣喜地接受了這枚鑽戒，也同時在心底確定了這份感情將來的走向。

那晚，一時衝動，她把第一次給了男友。

盧小姐以為，自己的獻身是對他們愛情的肯定，可她沒想到，從那之後，男友在心底把她看作是他的女人，對她的各種社交活動、手機、電子信箱甚至社交軟體都嚴密監視！

有一段時間，男友正面臨一個升遷機會，而她正在忙於公司的週年慶典布置工作。兩個人都忙得焦頭爛額，只打了幾通電話，少有見面。

這時，男友聽信了一些職場嫉妒者的謠言，說盧小姐與她的頂頭上司有染，在上司的轎車上玩車震！

男友找到盧小姐質問，她當時就被激怒了，她反問他，為什麼會聽信謠言！為什麼不信任她！

那次爭吵之後，男友表面沒再說，有一天卻趁她不在的時候，偷偷跑去她的公寓，搜房間，試圖找尋她偷情的證據！

盧小姐知道後，跟他大吵一架，如果不是已經把第一次給了他，她真想把鑽戒還給他，跟他分手！

盧小姐在信裡說，我們現在仍然總是爭吵，我們誰都清楚，那個謠言的陰影仍沒過去，發生過的不愉快已經在他和我的心裡打了一個死結，她很後悔那晚那麼衝動地把自己的初夜交了出去！

男友現在的神經質，真讓她每天像生活在牢籠裡，她快瘋了！

愛，真的是很危險、很麻煩的事情。

人的同一種性格特點，在不同程度的運用上，就會產生不同的效果。

譬如細膩，在另一方面就會是小肚雞腸，心思縝密，累人累己。

譬如直爽，在另一方面就會是說話沒心沒肺，傷人不打草稿。

甲之蜜糖乙之砒霜，同一個性格特點，展現在感情交往中，有時會產生不一樣的效果。

你愛他，他愛你，而因愛產生諸多匪夷所思的猜想，都來自於人性的脆弱與自疑。

盧小姐的男友性格內向，還伴有隱性的自卑感，這在處理感情關係中被過度放大而導致了信任缺失。他內心的不安全感、多疑、敏感，反射給另一半的就是人格上的傷害。

情人之間發生信任危機時，那些所謂的「罪行」往往是透過他人之口道聽塗說，或者只憑一個小細節、一次小誤會就突發奇想、天馬行空地氾濫起來的！

人總是矛盾的，越怕發生的事情，就越是朝那個方向想像，也不動腦，也不調查，也不思索下另一半的個性，就這麼愚蠢地橫衝直撞，萬分悲痛、一身正氣地與愛人爭吵，指控愛人的罪惡、可恥、卑鄙。

　　到頭來，解決問題了嗎？澄清事實了嗎？捉住對方的小辮子了嗎？

　　除了傷害了感情，什麼都沒做！

　　這樣的爭吵，就是在「感情用事」地破壞感情！毫無建樹，毫無積極作用！

　　當你對另一半起了疑心，請先調查，後分析，最後再行動。有理有據走遍天下！

　　然而，現實中，我們往往搞錯了順序，總是跟著感覺走，先行動，再調查，最後才分析這期間的種種可能，再在這些可能裡反覆糾結，反覆虐己也虐他人。

　　當然，這個時候的分析，也算是在亡羊補牢了！

　　亡羊補牢卻也是最樂觀的情形，因為很可能你的魯莽、你的輕信、你的大腦缺氧、盲目懷疑，已經對感情造成了傷害，而這傷害不只是皮外傷，還可能傷筋動骨，要癱瘓了！

　　情人之間，可怕的不是懷疑，而是毫無根據的懷疑。

　　整天疑神疑鬼、想東想西的人，先別懷疑別人，先思索下自己是不是心裡有病！

　　如果確認了你沒病，是位誠實可靠的心理正常人士，那麼你就要先尋找扎扎實實的依據，再與另一半攤牌。

　　千萬別沒事亂懷疑！

言和要講時機和策略，伺機而行是關鍵

溫小姐打來電話說，她快被男友氣瘋了。我問怎麼回事，她憤憤地扔過來一句：他不識抬舉！

隨後一個半小時，溫小姐向我敘述了她男友是如何的「不識抬舉」。

溫小姐告訴我，一週以前，她發現男友陪前女友去醫院墮胎，隨後她和男友大吵了一架。

溫小姐懷疑，男友與前女友藕斷絲連，對感情不忠。而男友解釋說，他就是把前女友當成普通朋友，前女友遇人不淑，被人騙了感情，又意外懷孕，他只是表示同情！

溫小姐雖沒有確鑿證據證明男友與前女友有染，可心裡還是有一個解不開的疙瘩，當時一氣之下，還說了許多過分的話，把男友氣得摔門而去。

那次大吵過後，兩人便陷入了冷戰。

隨後，溫小姐仔細回想男友對自己種種的好，就又為那天的爭吵而後悔。

溫小姐告訴我，其實，感情上，她一直很依賴男友，而男友也很包容她。在一起的時候，他總是把最好的東西給她；她不開心，他哄她，做她的情緒垃圾桶；她喜歡旅遊，他就拿出

積蓄，兩個人去了一次澳洲和東南亞。

可能是她被寵壞了，脾氣總是太暴躁。這次的事情，她又不問青紅皂白地亂發作，把事情搞砸了，傷他的心了！

溫小姐哭著對我說，現在他不理人了，她心裡真是後悔死了。那天，她主動去他的公司，約他出來見面，想要跟他和好，他居然對她冷冰冰的。她現在不知道該怎麼辦了！

溫小姐的情況，可以簡單總結為言和失敗。

但這並不是說，以後就沒有言和的可能，只是在下次言和之前，溫小姐必須知道一點 —— 言和也是一場情商 PK，需要你選擇恰當的時機，以恰當的策略來贏得對方接受。

首先，溫小姐操之過急。在自己情緒不穩、男友怒氣還未消的情況下，貿然提出言和，這只會招致男友產生反抗心理，習慣性地將言和提議駁回。

太急於求和，反而會壞了大事！心急氣躁可是兵家大忌！

其次，溫小姐的心態導致策略錯了。一直被男友捧在手心裡的她，以為放下架子，主動言和，便能換來男友的千依百順、甜言蜜語。

把言和當作了一種自然交換，我言和了，你就有義務來接受，這種心態是不對的。要知道，愛情中的兩個人，無論彼此多麼相愛，誰都可以因為不滿而發脾氣，誰都有權反對言和。

當然，想要對方欣然接受，不一定要低聲下氣，通常用點

溫情而智慧的辦法反而比直接表態更有說服力。

我的一位客戶何小姐就很有頭腦。

她與男友自同居以來戰爭不斷，都是因為一些雞毛蒜皮的小事。

爭吵之後，何小姐緊閉房門，男友在房外怎麼敲也不理會。過了一會，何小姐冷靜下來，回想兩人爭吵的內容，又覺得實在沒有再繼續冷戰的必要，於是想與男友言和，好好解決剛才的事情。

何小姐並沒有立即採取行動，她清楚，畢竟這個時候她心裡還有氣呢！此時提出言和，萬一他的氣也沒消，又會是一場惡性爭吵，言和不成，反倒火上澆油。

等雙方的火氣都消得差不多了，何小姐就把緊閉的房門開啟一道縫隙，這樣做是為了暗示男友可以主動找她談了。男友看見這樣的訊息，也就明白了何小姐擺出的言和姿態，他覺得可以接受，便會進一步行動，對現狀也不會造成惡化。

還有一次，他實在惹急她了，她就想出了壞主意，晚上洗過了澡，穿著性感睡衣在他眼前晃來晃去，就是不理他。後來，他被逼得只好撲過來主動言和！

我不禁啞然失笑，心想，這位何小姐可真會折磨人！

不過，這種方法並不新奇，許多情侶和夫妻都是床頭打架床尾和。「戰後性愛」的確可以化「冰霜」為「春雨」，但緩和的

只是你們之間的情緒，並不能從根本上解決問題。

事實上，不論是哪種方式的言和，都是為了在穩定情緒之後溝通想法和解決問題。

感情爭端，不像家用電器，按 ON 就啟動，按 OFF 就關閉。

同樣，想和好，也不是說你想和好就能馬上立竿見影地生效，要有耐性，還要抓得準。

打仗打累了，想談判也要看準時候。吵架吵累了，想言和也要講時機和策略。

言和的關鍵在於時機，對方的火氣還沒消，你過去撲火，搞不好，沒撲滅對方的火，自己的火卻跟著著起來！那時候，當初吵起來的一丁點芝麻綠豆的事情，都會成就「星星之火，可以燎原」的神話！

所以，言和的時機很重要！早了，吃力不討好；晚了，即便是滿漢全席也失了味道！時機要不早也不晚，剛剛好。你要言和，就得抓住能夠「擊中」對方的時機，令對方既能接受，也不顯得你很被動。

言和上講究策略，往往能夠事半功倍。

不要硬碰硬，不要頤指使氣，不要心浮氣躁，不要強勢逼人。

要迂迴婉轉，要以柔克剛，要引君入甕，要欲擒故縱，要

先退半步，要給別人餘地。

不管當初是誰錯，都不要把對方當作罪人，時刻記住他是你的愛人，你不是「真槍實彈」地與之對決，而是在用「情」來將他「策反」。

這麼說來，情侶間的言和跟黨派之間的談判很相似。但有一點不同，黨派之間談判焦點在「利益」上，而情侶之間的言和焦點在於一個「情」字。

你掌握了「情」這個字，就等於掌控了整個言和的局勢。

你用情來打動對方，用情來煽動對方，用情來挽回對方，此時，即便你沒說出「我們和好吧」這幾個字，對方也會心領神會地接受言和的。

所以，要言和，策略不能少！何時言歸於好，如何言歸於好，既要用情更要用腦！

你要伺機而動，千萬別隨意而動！

第七章
吵架也是分段位的，
這些錯誤千萬不能犯

說出你的想法，拒絕林黛玉式爭吵

讀過《紅樓夢》的人都知道林黛玉敏感、多疑、愛耍小性子，眼淚更是氾濫得要命。她與賈寶玉之間雖有愛情，然而兩人在一起的時候卻多是在吵嘴。林妹妹每吵必哭，寶哥哥遇吵必蒙。寶哥哥被折磨得像熱鍋上的螞蟻團團轉，看著林妹妹哭成了淚人，寶哥哥抓耳撓腮、苦思冥想，就是不明白她的想法，恨不得撞牆！

林妹妹的吵嘴模式，的確很婉轉、很懸疑、很虐心，總是不能讓你一次性地對她的真實想法領悟透澈。

女孩的心思真是難猜！沒有寶哥哥的耐性和痴情，還真難hold住她。

但寶哥哥多存在於言情小說裡，現實當中很難碰到，所以千萬別有事沒事就模仿林妹妹的吵架風格，否則，只會為你們的情感關係帶來殺傷性的損害。

丁香是個靈秀的女孩，那天，她一臉憂鬱之色地來找我，說她不知道還要不要繼續跟男友交往下去。

我說：你們之間究竟發生了什麼矛盾？

丁香委屈異常：他不懂我！我這麼愛他，他怎麼就是不懂我的心呢？

我笑問她：妳是否懂男友的心？

丁香說：我懂他啊！他的生活起居、安全保險、他父親住院、姪女升學，都是我幫忙搞定，還有他二表姐上月再婚，婚禮布置、發喜帖、訂酒席，所有都是我幫著張羅。我付出的這些努力和辛苦，他從來都是欣然接受，難道這還不夠證明我做的這些很符合他的心意嗎？

我說：那是妳自以為的事情，實際上，妳是否懂他，妳幫忙做的那些事情是否合他心意，有資格評判的人只有他自己。他不反對妳的建議，並不代表他沒有不滿意或者不想讓妳插手的意思，他之所以接受，只足夠說明他愛妳。

情人之間的「懂」，要有溝通，要透過磨合、透過爭吵，才能做到而不是靠妳猜想，靠妳主觀認為。

丁香說：可我們有爭吵、有溝通啊！上個星期，我父母大老遠趕來，他公寓房間小，我去飯店訂了房間，又訂了酒席，想讓我父母見見他。他晚上說好趕回來吃飯，卻又因為公事沒去。好吧，他忙，我不計較。

後來，我打電話給他的一位同事，同事說他們女上司剛剛辦了離婚手續，恢復了自由身，帶著他們整個部門的人去郊外玩通宵，前幾天，男友因為一次工作失誤被女上司批評，這次女上司請客，他便不敢推辭。

第二天晚上，他回來，我就沒給他好臉色。他只知道問

我，是不是哪裡不舒服，問我是不是我父母因為他沒去吃晚飯生氣。

這還需要我直說嗎？我臉色不好，就是我心情不好，我心情不好，全是因為他的不好！他去哪裡做什麼事難道不能直接跟我說嗎？還要我打電話給他同事才知道！不讓我知道，是因為心虛還是別的什麼？我不怪他沒陪我們吃飯，我是在乎他為什麼不跟我說實話！難道，相愛這麼久，他連我在乎什麼都不懂嗎？

我父母走後，我終於忍不住跟他吵起來，他依然裝傻，裝不懂，我就是不說緣故。相愛的兩個人不是應該心意相通嗎？他怎麼就是不懂我！怎麼就是不明白！

像丁香這樣始終都不說出心裡的想法，要對方怎麼明白呢？要知道，心意相通的事情不是時時都會發生！

再說，吵架不是舉一反三的推理遊戲，或者婉約悽美的花間詞，即便再相愛的兩個人，也不是相互肚子裡的蛔蟲，表達心意的時候，該直白就得直白！

要記得，吵架最大的價值就是直抒胸臆地表達觀點，不然吵什麼？否則，還不如柔情密意地說話，多省事？

可是有時候，吵跟吵也有質的區別，是否有效，全在於你怎麼吵。

很顯然，丁香的這種吵架效率極低，不但問題沒弄清楚，

還因為她鬧情緒給彼此的溝通設定了許多障礙。

相愛的男女，絕對不能認為彼此輕而易舉就可以懂得對方，或者不需用心就能讓對方懂自己。

你們再相愛也是兩個人，再親密也是男人和女人。

男人和女人本身就是兩套系統作用下的生物，你想要他懂你，首先就得做出「坦白」的姿態，你喜歡什麼就是喜歡什麼，不喜歡什麼就是不喜歡什麼，哪件事情令你不舒服到了難以容忍的程度，就跟對方說。這些都要讓對方清楚地知道，而不是靠看你的悲戚臉色、數你的眼淚、聽你東拉西扯的暗語來思索、揣度。

不要高估男人的理解能力，更不要過度依賴你的「間接表達」。縱使他是偵探高手，也未必能做到細緻入微地勘察。

直接說出來，在兩人之間開出一條「直達」的交流管道，這樣既迅速又省力，少點時間折磨，多點時間恩愛，才最實惠，也最可愛。

女人哭哭啼啼，男人唉聲嘆氣，不直入主題的爭吵是毫無作用的憑空抒情，是用自虐來給對方施虐。折磨了彼此，卻沒有道出個究竟，時間久了，你會沉溺在這種自造的「受害者」角色境地裡無法自拔。

而對方的耐心和愛意，也會在你這種「婉約曲折」式的溝通中磨損消逝。

不要高估愛情的力量，愛情禁不起你如此地「死纏爛打」！

不論你有多氣憤、多傷心，你都要先理清頭緒，把想法排好順序精煉提純地一條條說給對方聽。不要「牽腸掛肚」地敘述，要「有一說一」，清楚明瞭，條目清晰。

不論是男人還是女人，都擺脫不了嬉笑怒罵嗔的情緒，但要溝通，就要記得在爭吵之前，將各種情緒保持在一個合適的狀態，把該說的話講明，這樣才能給對方一個合適的思考空間與轉身餘地。

你的情緒過分釋放，你的表達過度模糊就會把對方弄瘋狂，你與對方的爭吵就會演變成一場接著一場的胡鬧！

這是吵架大忌，千萬要不得！

為了讓愛情不受到傷害，請記住，拒絕林黛玉式的爭吵。

不要無限度容忍，相愛是包容不是縱容

愛令智昏！

人愛起來就是會忍不住犯賤，自卑到泥土裡，期待開出那麼一朵嬌豔可愛的小花。這朵小花讓人放棄了自我，把一次次的容忍做到位，結果卻是縱容了對方一次次在感情裡站出位。

　　客觀地講，這樣的感情問題一旦成形，不能只指責那個站出位的人，他們就像是被愛慣壞的孩子，對觸手可及的溫暖不懂得珍惜，對慣於得到的寬容習以為常、得寸進尺。

　　一段已經破裂甚至死亡的感情關係中，如果說那個站出位的人是凶手，那麼作為把「愛的奉獻」做到實處的另一方就可以算作從犯。

　　以無限度的寬容作為表愛方式，結果只會把愛情必需的包容演變成縱容，將愛情推向著火的邊緣，而當毀滅愛情的大火燃燒之時，好男人或者好女人就難免受到傷害。

　　真可以用一句話概括 —— 可憐之人必有可恨之處。

　　明輝是我一位朋友的舊同事，前幾天，朋友打來電話，拜託我去見一個人，說這人最近遭遇了感情困擾，於是，我和明輝相識了。

　　明輝給我的第一印象是他是個很有魅力的男人，至少有符合許多小女生暗戀的那種外形，高大帥氣，溫文爾雅，一雙笑眼不笑的時候也像在笑，戴著一副金絲眼鏡，乍一看，很有韓國明星的風範。

　　明輝自己也承認，女友與他正式提出分手沒多久，單身的他又成為眾女同事的追求焦點。可他現在還不想開始一段新感情，他還沒做好準備。

　　我很認同他的看法。

明輝說，其實他心裡還依然愛著女友。他和她是彼此的初戀，他們之間完全沒有雜質，只有純粹的感情。

他和女友從高中到大學，再到大學畢業後同居在一起，他們都始終相信會是彼此這一輩子的唯一。

可他沒想到，他們的愛情沒有走到底。

明輝告訴我，他真的很疼女友，上大二的時候，女友的媽媽得了腎炎住院治療，她家經濟條件本來就不好，欠醫院不少醫藥費，女友急得直哭，他想跟家裡開口借，又怕父母不答應，便偷偷跑去工地打工。平時很少做體力活的他累得渾身像散了架，曠了一個月的課，賺了一萬多塊錢，他全都給了女友。

畢業後，兩人先後找到了工作。女友進了一家外企，而明輝差強人意地進了一家小公司做文書。終於安定下來，兩人之間卻漸漸地發生了變化。女友自從工作之後，性格開朗的她就開始有各式各樣的交際活動，接觸的人也多了，有些時候，他問她，她也總是用這樣那樣的藉口掩蓋過去。他心裡不舒服，卻也沒多問。

明輝說，他看見過有人開著豪華轎車送女友回來，也知道有好幾個有錢老闆、富二代追求女友。他清楚，像女友這麼漂亮又有氣質的年輕女孩，一定會吸引許多人。面對女友多次晚歸，還有那些不知何時被她帶回來的名牌皮包、皮鞋、珠寶首

飾、香水，他都沒多問一句，他只想用實際行動來向她說明，那些東西都比不過他們之間的感情。

那天，原本是明輝的生日，他們說好要一起過的，結果，他接到女友的電話，說她臨時接到通知，要跟老闆飛去香港開會。後來他偷看了女友的聊天紀錄才知道，女友跟她的上司早就有了男女關係。

明輝說，我真不知道為什麼會這樣！我最不想面對的事情還是出現了！我一直以為，我的一次次包容能喚回她的心，可卻令她一步步地遠離我！難道是我愛得不夠？

這當然不是明輝愛得不夠，而是他愛的方式不對。

我們每個人都不是天生就會愛與被愛，相愛的重點在於，相互給予，相互磨合，相互對照，相互學習。

當你想從無限度寬容中得到對方的愛時，愛就已然不是你們關係中的主題，它成了一種令你覺得傷痛、令對方覺得頭痛的東西。這並不能令你們得到快樂和幸福，只會加劇你們情感分裂的速度。過分的寬容埋伏在感情裡面，不和諧因子隨時有可能被引爆，將你們的這段愛情炸得灰飛煙滅。

寬容是人性中的優秀品格。我們包容和體諒愛人的錯誤，這並沒有錯，只是不要忘了，你也並非完人，也需要對方的包容和體諒。相愛不是你一個人的事情，你付出的愛需要對方給予響應和回饋。

獨角戲的愛情，活不長久。

別太迷信那種不惜自毀來維護愛的虛妄幻想，那並不是愛的正確方式，那只是一種愛的病態。

包容與理解，應該是雙向的。將寬容超常地釋放，以為能令對方回之以愛，其實對方只是瞬間接收，隨後很快又會遺忘。

愛在縱容間難免會丟失。

無節制的寬容，會使你陷入一種自虐自傷的病態，而這種病態會相應地投射到你的另一半身上，他（她）會輕視你，會逃避你，會選擇離開你。

愛出現病變，你拿什麼拯救你的愛情？

健康的感情關係令人輕鬆幸福，病態的感情關係令人憂鬱沉重。

你原本沒那麼強大，心靈也並非完美無瑕，而現在卻要一意承受與付出，這樣你只會感受到感情的負擔和重壓，所以你應該用愛的正確方式，在愛情之路上輕裝而行。否則，背負太多不平衡的感情，你的背脊終究會被壓彎，讓你再也走不下去。

都說，男人有點「壞」，女人有點「怪」，會更惹人愛。我們無須多麼「壞」或者多麼「怪」，我們只需在愛對方的時候，帶上期待，在包容對方的時候，記得不要把包容變成縱容，不要把愛變成傷害。

一走了之是最消極的處理辦法

那天，米蘭哭著來找我。她又跟男友吵架了。米蘭告訴我，她不怕跟男友吵，最怕吵著吵著，男友就逃跑。

米蘭和男友交往了一年有餘，爭吵鬧彆扭時常有，一開始因為一些雞毛蒜皮的小事拌嘴，兩個人都沒覺得怎樣，還都能理解彼此。可是後來，一件件事情發生後，米蘭發現男友對兩人的交流溝通特別沒耐心，只要她沒認可他的意見和觀點，他就會一走了之。還有時候，她也不知道自己究竟哪句話令男友不高興了，他不給她解釋機會，也不再跟她說任何話，轉身就走。

那天，米蘭和男友參加朋友的婚禮，席間，一個多年不見的朋友跟米蘭提起了米蘭前男友的近況，並把米蘭前男友的手機號碼給了米蘭。

米蘭只是禮貌性地記了下來，男友看見了，回到家裡，就跟米蘭吵。米蘭解釋，她沒有要舊情復燃的想法。男友認為，米蘭不跟那位朋友介紹他的身分，就是不想讓對方知道她有男友，也就是她想知道前男友的狀況和手機號碼。

米蘭只是覺得，跟那個朋友不是很熟，沒必要告訴他自己的私人感情狀況。可是男友不理解。就這樣，吵著吵著，男友就摔門離開了。

還有那次，米蘭請幾個朋友吃飯，席間，女人們討論起各自男友的優缺點，米蘭也說了一些男友的毛病，可是不知什麼時候，米蘭碰到了手機按鍵，非常巧合地自動撥通了男友的電話。結果，米蘭說的話，都被男友聽見了。回到家，兩人吵了一架，男友覺得米蘭不該把他的毛病說給外人聽。

米蘭覺得那不過是女人間的閒聊，沒什麼大不了。男友生氣了，不跟她吵了，轉身進了書房睡。米蘭去敲門，他也一聲不吭，堅決不開門。

米蘭難過道：我很愛他，我希望我們能相互尊重，可他連跟我吵架的耐心都沒有，我不知道怎麼跟他溝通才好。

很顯然，米蘭的男友有個喜歡「一走了之」的習性。我告訴米蘭，男友之所以有這樣的習性，不只是他的個人原因造成的，也有一部分由於他們雙方長期交流模式的錯誤影響。

比如，某次，男友一走了之後，米蘭主動示好求和了。

比如，某次，男友一走了之後，米蘭又選擇了包容。

這就會令男友產生一種心理暗示 —— 吵架不能令你服氣，一走了之卻可以輕而易舉地達到目的。這樣的縱容，就會令兩人之間的交流形成病態的單方面「禮讓」。

而現在，米蘭已經忍受不了這種單方面「禮讓」下的溝通模式了。因為，這種模式造成了交流受阻，他們兩人之間堆積的問題越來越多。

這些問題的危害，不只是在問題本身，還在於，它們滋長了愛人之間的不信任和各種猜忌。這種隔閡一旦產生，是不容易消除的。

我建議米蘭現在要做的是，循序漸進地幫男友改正這個在爭吵中「一走了之」的習性。

下次再發生爭吵，可以試試用平和一點的方式進行溝通，注意語氣和姿態盡量不要讓對方感到妳在等待他的檢討或者道歉的意思。每說一句話、每表達一個意思的時候，要記得給對方留有回應和思考的時間，不要一股腦地將自己的所有想法和意見全都釋放出去。如果男友再有一走了之的動向，妳就馬上停止爭吵，直接告訴他，妳已經吵累了，戰事結束了。這時，他也就沒有再一走了之避開妳的必要了。

戀人吵架，有時會誓要將對方吵趴下、吵認輸，有時也會妥協、退讓、和諧第一，有時還會憤憤然地離開、一走了之，這樣其實兩人都會很不開心。

把對方吵輸了也好，自己主動認輸也罷，都還是積極參與了兩人之間的溝通。但我們要清楚，一走了之的方法，是很消極的。

男人或者女人選擇一走了之，有些是因為不喜歡咄咄逼人火藥味十足的爭吵局面；有些是覺得兩人越吵越亂，毫無意義；有些是無法接受戀人的看法和觀點。即便你不能容忍這些情況

發生，也不要以為一走了之是解決爭吵的好辦法。

我們本可以採用更溫和更有技巧性的方法。比如，突然打個哈欠，向對方笑笑，親愛的，我吵累了，我陪你看 NBA 吧，或者等對方說完最後一句話，然後問一句，我們吵完了吧？我想起昨天洗的衣服還沒收呢！

我們都該明白，問題不是你不去想不去解決就不存在。你的一走了之，不過是如鴕鳥埋頭於沙堆中的自我逃避的低級手法。

一走了之是推卸感情責任、輕視感情關係的極端表現，不論你是否這樣想，你一旦一走了之，你的行為就已經產生了負面影響。

這負面影響會在對方心裡留下陰影，在下次爭吵時，就會很自然地勾起對方關於上次爭吵的不愉快回憶，這種餘波效應，會使得新的爭吵更難進入積極有效的溝通軌道上來。

所以，爭吵中，如果你有了一走了之的念頭，那麼趕快打消吧；如果是對方有了一走了之的念頭，那麼趕快幫他（她）打消！

不以善小而不為，不以惡小而為之。更何況，「一走了之」對感情的「惡」並不小！

所以，請記得，只要你還有更積極理想的辦法處理你們的爭吵，就千萬不要一走了之！

不要輕易說出或者逼對方說出吵架關鍵字

古希臘數學家阿基米德（Archimedes）說，給我一個支點，我可以撬動地球。

其實同樣的道理，爭吵也存在所謂的「支點」。

我們在生活中會發生許多爭吵，有些爭吵是先有「預謀」的，有些爭吵則是「現場發揮」出來的。不論是「預謀」還是「現場發揮」，兩個人最終都能吵得臉紅脖子粗、怒髮衝冠、手腳揮舞，在無意中說出了或者逼對方說出了一些使得吵架無法中斷的話語。

比如，兩個人一起看電視，男人或者女人總是霸著電視遙控器不放手，令對方非常不舒服，這時對方會說：遙控器給我用一下會死啊！這樣的語氣，會立即激起另一方的反擊，爭吵隨即拉開，兩人甚至會因此鬧到離家出走、你死我活的地步！

比如，兩個人睡一張床，蓋一張被子，平時心情愉快、柔情密意，怎麼擠都無所謂，而且越擠越有感情。但如果哪天，一方在公司或者在超市、捷運站裡遇到了令其不開心的事情，晚上剛躺上床，就發現被對方搶走了一大半的被子和一大半的床位，此時，其會忍不住發號施令：你能不能讓開點！這麼一嚷，馬上就會對兩人以前的似火情感潑了一盆冷水，對方會覺得你是神經病：你這是要我滾下床嗎？

比如，兩個人都因肥胖苦惱，於是為了健康，兩人發誓要相互鼓勵、共進共退地減肥，可你那天一回來就買了一大包的樂事洋芋片，當你躺在沙發上，開啟洋芋片的一刻，你的那位很自然地會投來一個警告式的眼神，並問：你買了樂事哦？此時此刻，你要麼停止墮落，將還沒入口的洋芋片扔進垃圾桶裡，要麼就馬上拉著對方一起墮落！千萬別把對方的話當耳邊風，如果你再不識相一點，就會馬上引起一場戰爭！

遙控器給我用一下會死啊？你能不能讓開點！你買了樂事哦？諸如此類的關鍵句，不論是你主動說出的還是對方因為不滿而說出的，都是一場爭吵爆發並且持續熱烈進行下去的「支點」。

最近，收到一封署名何子的 E-mail。

何子說自己的男友總是有事沒事地惹她生氣。

比如吃飯的時候，他總是把番茄醬放在自己面前，其實我也喜歡吃番茄醬啊，我就問他：番茄醬也有我的份吧？然後他就不高興了，就吵起來了！

看電視時，我要看愛情劇，他偏要看比賽，每次都是他掌握著遙控器，還要霸占著我打開的魷魚絲！我就問他：是不是永遠不能陪我看愛情劇？他又不高興了！結果我們又吵起來了！

他還每次都不跟我打招呼，就把我新買的書籍借給他表妹

看，好幾次不是弄髒了，就是弄丟了！還有，逛街的時候，他只在他喜歡的店鋪多停留，我一想看衣服，他就快速拉著我走開！我說他太自私了，他還說我浪費，買的衣服太多了！我真是被他氣死了！

何子問我，她和男友到底怎麼了？怎麼動不動點火就著？是不是五行相剋呀？

我回信給何子，我告訴她，五行是否相剋不好說，但你們確實都能摸到吵架的點上，每次說話都能說到必吵的語句，不點火就著才怪呢！

見過許多情侶爭吵的案例，有些因為情變，有些因為性格不合，有些因為家庭緣故。還有一些讓人啼笑皆非的原因，如因為一雙拖鞋、一杯飲料、一塊滑鼠墊，甚至一根牙籤都能讓兩人吵起來。

其實情侶之間，那些無謂爭吵都不過是一方或雙方為圖一時口頭之快而「禍從口出」導致的，他們沒想用更有技巧的方式解決問題，結果就將戰火點起來了！

我們每個人都是不同的，每個人的個性裡都有各式各樣的不可觸碰的雷區。

比如，你的愛人天生肥胖，因肥胖心有自卑，那你就不要在她面前誇讚別的美女身材窈窕、輕如鴻毛。比如，你的愛人崇拜某位明星，即便你十分噁心鄙視那位明星，那也不要當著

他的面說出自己的真心話，實在忍不住了，就把你的噁心和鄙視留到洗手間的馬桶上吧！

比如，你們喜歡同一種口味的蛋塔，那麼當你自己在享受美味的時候，也要記得對方的存在。

兩個人談戀愛，就是在原本相互獨立沒有交集的兩個人身上建立交集。

建立交集，就是要磨掉一些「自我」稜角，融合一些對方的特質。雖然將「你我」變成「我們」並非簡單地說幾句話或做幾件事就行得通的，但卻可能因為你的一時衝動說出的那幾句吵架關鍵句而前功盡棄！

兩個人在一起，磨合其中的不同，將不同點契合在一起，就能配合得更協調。

沒經過打磨的寶石無法製作成珠寶首飾，沒經過磨合的情侶也難以走到幸福彼岸。

不想觸碰對方心裡的雷區，首先就要保持尊重對方，還要記得對對方用心。

尊重彼此，尊重愛情關係裡的共處共融，不要輕易說出或者逼迫對方說出那些吵架關鍵句。否則，一旦你們的對話中出現這種關鍵句，那麼爭吵就會勢在必行、勢不可擋了！

支撐一段感情需要兩個人悉心維護，共同合力。

支撐一場爭吵，只需你或你的那位說出那幾句關鍵句。

　　擁有一份感情不容易，破壞一份感情太容易，而感情破壞了再去修補也絕非很容易。

　　相處時，即便發生爭吵，也千萬別輕易說出或者逼迫對方說出幾句關鍵句，因為這會令你們的戰火重燃，令你們的甜蜜轉為危機。

衝動會讓成熟的關係遭到破壞

　　小魚最近跟男友打了一場硬仗，雖然最終男友示弱言和了，可最近她心裡還總是不舒服。

　　兩人發生矛盾的原因很簡單。一天晚上，小魚的幾個女性友人正巧在夜店，發現小魚男友跟一個喝醉的年輕女孩糾纏，便急忙打電話叫小魚馬上來。小魚匆匆趕到，見到那酒醉的女孩正抱著男友撒嬌，她想也沒想就衝過去質問。

　　男友解釋說，那女孩是他老闆的女兒，他只是碰巧遇到，她剛失戀心情不好，還喝醉了，怕她出事，才不得不管。小魚覺得，男友在狡辯。兩人不顧場合地吵起來！男友帶著女孩離開，對小魚置之不理。

　　小魚說：交往兩年多，其實我也知道彼此是什麼個性，如果不合適，早就分手了。做事上，我有我的一套風格，他也

有他的。以前也知道相互協調，有了摩擦，他總是遷就我，偶爾，我也會妥協一下。

他對我一直很好，我的朋友們都羨慕我有個疼我的男友，誰知道，他那天當著那麼多人的面，為了別的女人，跟我翻臉，對我又是吼又是罵的，讓我沒面子！

我當然不能輕易饒過他！那天他回家，洗過澡就要睡覺。我心裡還有氣呢，他還想睡覺！我一定要他給我個正面解釋！他卻嫌我煩，嫌我不理解人。

我生氣了，就說了幾句反話刺激他，沒想到他反倒對我罵粗口，說我腦子進水，說我豬頭。我也實在生氣了，就回罵了他幾句。

雖然後來我們也和好如初了，但和好之後，他似乎再不願意跟我溝通想法了。他有什麼事好像總是藏著，我問他，他只是敷衍我說幾句無關痛癢的話。我也同樣感覺尷尬，總想跟他談心，卻又不知該怎麼開口。

從前我們凡事都拿出來講，講到對方心服口服了，事情也就迎刃而解，並不會留下什麼隔夜仇。我很懷念那時交流的感覺。我想知道，是不是那天的爭吵真的影響到我們的關係了。

從小魚的敘述中，可以看出，影響到他們關係的不是那天的爭吵本身，而是爭吵中他們採取的低階手段。說反話刺激人，罵髒話侮辱人，這都是情侶間吵架最低階的手段。就是這

一低階手段損傷了小魚與男友之間已經建立起來的相對高階的溝通模式。

而坦誠直接效率高的溝通模式，相比說反話、罵髒話不知道文明多少倍！

要知道，這種高階溝通模式並非輕而易舉就能建立起來的，它需要長時期的交往磨合，彼此間要有高度的信任和坦誠。那天，小魚與男友都是因為一時衝動而情緒化膨脹，爆發了低階爭吵，這使得他們原本建立起來的高階溝通模式受到損害，令之前相互的信任和坦誠受到懷疑。這是他們和好之後彼此很難啟動高階溝通模式來交流的主要原因。

如果我們已經與戀人建立了成熟的關係，就不要隨意去打碎它。當然，一對情侶吵架，吵到激昂亢奮，就難免口不擇言，說反話、罵髒話，甚至大打出手，而這卻是誰都不希望的！有時，我們也明明知道這麼做並不理智，可又為什麼會明知故犯呢？

因為，我們衝動。衝動後，我們的怒氣和偏激想法就占據了大腦，這時系統的思維模式被打亂，就很容易對戀人做出跟動物互毆差不多的低端行為。

但，只要是人就會有衝動的時候。而我們要維繫一段感情，建立起良好的溝通模式，就要抑制衝動。抑制了衝動，就可以有效防止我們與戀人在爭吵中犯下說反話、罵髒話的低階錯誤。

那麼如何能抑制衝動呢？

有怒氣的時候，多喝水可以轉移你的注意力，舒緩當時在你頭腦中急速運轉的激烈想法。當然，單靠喝水解決不了根本問題，重要的是，我們要清楚說反話和罵髒話的惡劣後果，記得控制自我情緒。

如果感到控制情緒十分困難，那麼不妨平時多練習，在感覺自己要發怒之前先深呼吸，默數十個數字，也可以多看看儒家思想典籍和心理方面的書籍，提升自我內在修養，學會淡定平和地處事。

情侶之間總是難以避免爭吵，而爭吵對於兩人的感情溝通來講是利弊參半的，這完全取決於你怎麼吵，你帶著怎樣的目的去吵。你們既然已經建立了高級溝通模式，就請別用低階手段來與他（她）吵架！

建立起一個高階的溝通模式和成熟的關係不容易，可是毀壞它卻很簡單。想要更好地溝通，想要更好地維護感情關係，就不要做衝動幼稚的事。否則，你就會像小魚和她男友一樣，讓成熟的關係受到破壞，結果又要從頭再來！

做成熟的人，用成熟的姿態處理問題。

請千萬記住，戀人之間，解決紛爭，別用說反話、罵髒話這樣最低等的溝通手段！

不要再為吵架的事做諸多解釋或辯護

那天，子東向我抱怨，女人真是難伺候！

子東說，上星期跟女友安娜因為一點小事吵架，吵過了，他也有些後悔，便過去講和，安娜一副冷臉對著他，無論他說什麼，都被她冷言冷語頂回來！

子東非常懊惱，又忍不住跟她講理！事情本來不是他的錯，是她太敏感、太小氣，他現在低下頭來求和，就是為了兩個人不要傷了感情，問她怎麼還這麼不講理，結果兩人話不投機半句多，又陷入了冷戰。

子東坐在我對面，抓著頭髮，一臉苦惱，問我怎麼辦。

子東這個案例，我不得不說，有些人真的很悲劇，明明撂下面子來跟愛人言和，卻還不忘記對錯真理，擺出一副「你要接受」、「你要明理」的架勢，結果卻言得兩人更不和了！

情人之間鬧彆扭，當時激動，過後或早或晚大家都會有言和的意思。那麼主動提出言和的那個人要如何做才能令言和成功，這需要注意很多問題。

由於感情上的事情，兩人一旦吵起來，就都會在心裡憋著氣、較著勁。這時，你決定不憋氣、不較勁了，你想要言和，卻並非你想要立竿見影就能立竿見影的。

　　對方的氣還未消，對方還想繼續冷淡你、懲罰你、折磨你。你一旦決定言和，就要做好開口碰冷釘子的準備。為了避免不碰大釘子，就要注意言和的時機和採取的策略。

　　言和除了要講時機和策略之外，還要注意大忌。

　　那麼，什麼是言和的大忌？

　　就是在你言和的過程中，將剛剛吵架的內容重播，重申你對事情的看法，再次為自己辯護，向對方申述是非曲直。

　　這是情商非常低下的表現。

　　試問，你為了什麼言和？

　　如果是為了向對方闡明你本來沒錯，那就不要白費心思地用言和「包裝」賣辯解「商品」了！對方是不會買單的！如果正巧這時對方的氣還未消，那麼再次爭吵就難以避免！

　　所以，我們在想要言和的時候，就要確定一個重中之重的目的，究竟是要講道理還是要講感情？

　　如果講感情，那麼好，把道理扔一邊！說軟話，主動抱抱對方，親親對方，親手為對方煮一杯咖啡，向對方承認錯誤，把所有錯誤攬下來都好，總之，先讓對方接受你的歉意再說！

　　如果講道理，那麼也好，把感情扔一邊！不要想到底能不能言和，只要一股正氣將對方辯倒辯跑就 OK 了。但這樣還講什麼言和？

　　情人之間的言和沒道理可講！你真要講理，就要先確保對

方跟你講了情，之後再說你的道理。

　　言和之初，如果對方依然持有自己的想法和意見，你就千萬不要再辯駁！此時，你多一句辯駁，就無異於在準備熄滅的爐火上再加一把乾柴！你想講道理，也要先捋順對方心裡的逆鱗。對愛人暫時的順從和妥協不會讓你缺斤少兩，更不會讓你矮誰半寸！

　　當你柔化了你們之間的矛盾隔膜，讓對方感覺到你言和的誠意，這個時候，對方也未必不會反思自己的錯失，甚至還會感到抱歉。

　　子東的錯誤點在於沒有意識到「言和」的重點，更沒搞清楚大部分的「言和」都是要主動提出言和的那個人做出「禮讓」和「犧牲」的！

　　爭吵後，兩人誰也不理人，以為誰堅持得越久，誰把自己墊起的高度就越高，這是內心在較勁的表現。

　　對方站在這樣的高度，你想言和，就得首先走下自己墊起的高臺，然後再給對方鋪好臺階，以誠意打動對方，這樣對方才能從「高臺」上走下來，牽你的手，跟你走。

　　你一味地忘記不了自己受的「冤屈」，一個勁地跟對方申辯、申冤。這在對方看來，你只是假意走下來，鋪臺階騙對方主動認錯的把戲！這樣對方怎能消氣？那麼對方只好把你壓制到底！這個時候，你就別想對方能走下來與你握手言和了！

　　我的一位客戶張先生，有段時間也是很受言和失敗的打擊。

　　那段時間，他跟女友因為購置婚房的事情鬧得很不愉快，一個堅持要在 A 房地產上選，另一個堅持到 B 房地產上選。張先生的女友很講究生活品質，她喜歡接近大自然，於是想要買市郊的 A 房地產。而張先生覺得那邊的房地產距離市區的公司太遠了，這樣一個月跑下來，僅是汽油錢就多出許多！而且他們都還是貸款買房，這樣每個月負擔也太重了些。而女友認為買房是一輩子的事情，當然要以生活品質為主！

　　兩個人因為買房的事情沒事就吵，後來房子沒買成，兩人的愛情也告急了！

　　張先生問我該怎麼辦？

　　我問他，是不是還想結婚。

　　他說那當然！

　　我說，那就由著她嘛！總不能你這邊買了房子，沒有新娘吧？

　　顯然，張先生所判斷的對錯，是基於他自己的價值取向，而他女友的想法，也是基於她自己對生活的看法和要求。兩種價值取向沒有絕對的對錯，張先生沒有必要執意地向女友灌輸他的價值觀。

　　不管是誰，已經形成的價值觀是很難改變的，兩個人要相

處下去，就必須有一方拿捏一下什麼更重要，為感情讓一步。事情也並非到了非要辯出個對錯、黑白的程度。你想言和，那就明確地表態，做出姿態，讓對方緊繃的神經放鬆的機會，或許還有改變對方主意的可能。

後來，張先生告訴我，他和女友言和成功了。我問他到底是買了 A 房地產還是 B 房地產。他在電話裡笑著說，都不買！買的是 C 房地產！我說，折中一下也不錯，這說明女友還是被你言和的誠意打動了！

張先生後來學精明了，凡跟女友發生了矛盾，絕不在言和的時候講什麼大道理。女友喜歡跳探戈，他先哄好了人，再提議跳舞，在感情熱烈又濃郁的音樂裡，什麼矛盾冷淡都化解掉了！他現在堅信，先把人拿下，別的都好說！

言和的關鍵是要保持和氣，記得妥協，學會放下。

放下對自我意識的堅持，放下對事實真相的固執，放下你戴上了不捨得拿下來的面子，那麼你距離言和就近了一步。

暫時的「委曲求全」並非要永遠「忍氣吞聲」，要對方明白你的心意，要對方了解到你的苦處，要對方清楚自己該改進的地方，這也需要時間。

先把對方收服了，道理以後再滲透，相對於愛情本身，一時的輸贏真的沒那麼重要！

第八章
我們和好吧：
別跟幸福較勁

小吵是發現對方優點的重要途徑

前幾天，突然接到娟子的電話。

她曾向我諮商感情問題，記憶中，這個女孩子非常樂觀。

娟子在電話裡跟我說，她剛跟男友吵架了。

我有些擔憂地問她怎麼了，她卻突然間在電話另一端大笑起來。

她說：我和他剛剛吵過之後，才發現他還是那麼愛我！我以為，我們交往時間久了，他對我的感情已經淡了，對我不那麼用心了！可剛才，我才知道，他為我們的感情做過那麼多努力，是我自己太馬虎了！

我笑問娟子：到底是怎麼吵的？

娟子在電話那頭，一人分飾兩角地向我重現了爭吵的情況。

娟子說男友懶惰，每週的衣服都留給她來洗。男友反駁：那我還每天堅持幫妳做早餐呢！你的牙膏也都是我擠好了放在洗手臺旁邊的。

娟子又說：那你也自私，你出去跟朋友吃大閘蟹都不帶上我！

男友反駁：妳忘了自己吃海鮮過敏了嗎？我自私？妳每晚

都把被子搶走，我怕驚醒妳，都不敢拉被子！

娟子有點不好意思：那你拉好了，我又沒說不讓你拉！

男友解釋：妳精神衰弱剛有點好轉，睡個好覺不容易，我怕妳復發好不好！

娟子說：你還說我浪費！我哪次出去沒買東西給你啊？我吃個漢堡都想著你！前天，我發現我們的積蓄突然少了，是不是你偷偷買什麼了，還不告訴我！

男友嘆氣道：我是偷拿了我們的積蓄，有個去東南亞的旅遊團，價格很實惠。妳不是一直想去嗎？我已經請好了假，準備給妳驚喜的！

娟子告訴我，如果不是這次小吵，她真的忽略了他的細心體貼。他記著她吃海鮮過敏，記著每早為她擠牙膏，記著一年前她說過一直想去東南亞玩一趟。

娟子說，後來，男友突然抱住她說，能有她這麼賢惠的女友非常幸福呢。

看得出來，娟子和她男友在爭吵中都發覺到了彼此的優點，結果讓彼此的感情更加甜蜜。

像娟子和她男友這樣，從爭吵中得利，能看到爭吵的積極方面，而不只是落在了負面內容上，這樣的爭吵真是吵有所值啊。

我們常說，大吵傷身，小吵怡情。確實小吵還有一個好

處，就是讓情人發現對方身上平時被自己忽略的優點，就像娟子和她男友那樣。

情侶之間，一些小誤會和小矛盾，如果不及時處理，就很容易積少成多，養成一個大黑洞。如果感情關係不夠強悍，內心不夠寬闊，那麼這個大黑洞終有一天會吞噬掉兩人的愛情。

所以，戀人間雖然最好不要爭吵，但真要爭吵，也千萬不要迴避，對於一些雞毛蒜皮的小事，不痛快就說出來，別怕吵，別怕惱，只要彼此是真誠而理智地溝通，那麼小吵一下又何妨？透過小吵，把問題說出來，讓彼此在討論中找到忽略的真相、挖掘出愛的潛力，誰能說不好呢？

有人常說吵起來很煩，那是因為你只看到爭吵的負面，沒有翻過來看看爭吵積極的一面。如果不吵，你可能許久都察覺不到愛人也在同樣忍受著你的諸多缺點；如果不吵，你可能也始終無法讓愛人知曉你為其付出的心意。當然，這樣的爭吵不是大吵，而是小吵。

其實，你們可以更好地相愛，不需要在猜來猜去、躲來躲去的迷霧中尋求「化繁為簡」的幸福感。

你以為連小吵都避免了，就能把幸福變得簡單，事實上這樣很可能你在將許多簡單的小事情堆積成將來可能大爆發的複雜問題。

「瑕不掩瑜」的愛情才是有溫度的真實的感情。

那天，湯先生跟我說，他很後悔跟女友吵架。他讓女友傷心了，他也很難過。

原來，前陣子湯先生陪同老闆參加一場業內品酒會。

那晚女友興高采烈地拿出為他重金採購的行頭，誰知湯先生一看那衣服，知道價格不菲，就一臉不高興，怪女友太奢侈浪費。

女友不開心了，滿心地想幫他包裝一下，他居然還不領情！衣服是不便宜，可都是她平時省下的保養費和業餘時間賺下的稿費。的確，兩個人還房貸很艱難，平時省吃儉用不捨得花費，但無論怎樣在職場上的投入不能缺少，畢竟湯先生一直很得老闆的賞識，女友不想讓他顯得太寒酸。

我說湯先生：真是身在福中不知福！

湯先生也點頭，還說：如果知道是這樣，就不跟女友吵了，還惹得她傷心，幸好最後還是把她哄好了。

我笑：你不跟女友吵，如何能看出她的用心良苦？你這個人，滿腦子生意經，一抬眼皮就只看見衣服上寫著「浪費」兩個字！女友為你買衣服、挑領帶、訂袖扣，為你打理外表形象，首先這就是愛你的表現，而且她希望自己的男友能在眾人中不遜色，也是為你的事業憧憬著想。你不看看這些用意，反而專注於花了多少銀子，你真該多反思一下！

湯先生問我：那以後有問題了還要不要吵？

我說：吵！當然要吵！但要記得不是瞎吵亂吵，是要有目的有秩序地吵，這樣你們的交流才能變得直接有效。人和人之間思維都有盲點，如果你看見的她看不見，她看見的你看不見，那麼，兩個人就必須溝通！

的確是，不要迴避小吵，更不要只看見煩惱，在小吵中互相刺激一下，就能發現彼此身上存在的更多閃光點。

如果還是不可避免地吵，那就先不要隨意插嘴

第一次聽藍莓說話，就覺得她語速很快，說起話來就像機關槍發射。

藍莓也坦然地告訴我，男友也對她說話太快有意見，可是她已經習慣了，而且越是心情不好的時候說話越快！

我笑：那妳男友一定吵不過妳嘍？

藍莓的臉色有些難看：他吵不過我倒還好，主要是我們兩個總是越吵越亂。他說的一些事情，我有意見，我當然要表態啦！我一表態，他就解釋個不停，可他的解釋完全不符合事實，我當然要舉例反駁啦！可他居然還怪我插嘴，真是討厭！就這樣吵來吵去的，到最後，我和他都是口乾舌燥，也沒弄出

個頭緒來！

　　我問藍莓：有沒有試過，聽男友把想法說完整之後再發表意見？

　　藍莓說：我忍不住要說啊！再說我說話的時候，他也總是插嘴啊！憑什麼要我安安靜靜地聽他說話，就不能讓他安安靜靜地聽我說話嗎？

　　我告訴藍莓，她和男友之所以越吵越亂，就是因為兩個人都缺少聽對方說完的耐心，急於表達自己內心的不滿與怨氣。

　　沒有耐心的溝通不但會導致局面混亂，而且還會令彼此對本次交流落下一個誠意甚少的印象。

　　溝通中，你插嘴就會難以避免地打斷對方的思路，這時對方便會就你插嘴的問題糾結迂迴地辯論，在辯論當中，對方很可能因為偏離了原來自己所要表述的問題而越辯越急躁，還會認為你在故意作對。這是非常容易點燃戰火的！

　　不論對方心裡的想法是不是你說的那個樣子，你的猜測和反駁都會招來對方更多的辯解。

　　你對對方闡述的認知摻雜了太多自我主觀的想法，這樣你既不能明瞭對方的真實想法，更無法讓對方搞清楚你的真實想法。兩種想法參差不齊地出現在你們的對話之中，不越吵越亂才怪呢！

　　越吵越亂的局面裡，兩人都忍不住要狡辯和回擊對方。

先不說這種狡辯和回擊是否正確，毫無疑問的是，這種行為會造成兩個人思維路線發生無謂的死纏，令溝通陷入泥沼，令爭吵成為人間悲劇。

如何能克制住插嘴的欲望呢？

我們首先要做到對彼此的尊重。

所謂尊重，包括尊重對方的表決權，尊重對方的話語權，尊重對方的參與權，尊重對方不同的思維模式與行為邏輯。

這種尊重不只是說說而已，你要做到，才不會讓尊重成為空談！

對與陌生人的交際來說，你尊重了對方，對方才能尊重你！情人之間，雖是最親密的兩個人，但如果沒有尊重的愛情，也走不長久！

保持這種尊重，才能在彼此之間的交流中建立一種秩序。

秩序也是一種規矩。無規矩不成方圓。沒有人不清楚，過馬路走斑馬線，紅燈停綠燈行。

那麼，我們也都該知道，不得不吵的時候，也要遵守秩序，這樣才不至於將問題吵得沒邊沒際。

凡事有了規矩，講了秩序，才能保證有效率，不會亂！

情侶之間你一言我一語的爭吵，兩個人的思維和關注點往往南轅北轍不在一個方向上，這對溝通沒有好處。

我們需要遵守秩序。

聽對方說的時候，就專心傾聽，待對方表達完了，再將自己思考的結果告訴對方，這個時候，兩人才能形成聽與講的有效對接。

藍莓告訴我，她跟男友有一次因為一位女同事發來的天氣預報簡訊吵了起來。

藍莓問男友：那個女同事是不是對你有意思？

男友解釋說：只是很好的普通朋友，工作上有點默契，再說人家有男友，能有什麼意思？

藍莓插嘴道：有男友又怎麼了？有男友照樣可以劈腿！不劈腿也可以找備胎呀！她發這種簡訊給你，就是表明了關心你！

男友說：朋友之間關心不對嗎？那上次妳同學的表哥不還送兩箱榴槤給妳嗎？

藍莓說：那兩箱榴槤，我本來是要付錢的，人家沒好意思要，跟送是兩碼事！

男友又說：沒要錢！為什麼不要錢呢？是不是對妳有意思？吃了人家的嘴短吧？榴槤？對妳留戀吧？

藍莓大叫：如果送的是 LV、GUCCI，你吃醋還有點值得！別人送的是普通水果，你也跟著較勁！你也真是沒救了！

男友又說：我吃醋？妳最好關心下自己毫無曲線可言的身

217

材，再掂量下誰會為妳吃醋吧！

兩人整個一個亂吵！

我問藍莓：男友跟那位女同事究竟怎麼回事，後來搞清楚了嗎？

藍莓有點不好意思：哪還搞得清楚！那天都吵到各自的幾位前任身上了！根本是亂吵一通！弄得彼此都特別不愉快！

藍莓還說：我是想尊重他，想聽他說完，可做不到的人又不只是我，他也沒做到嘛！

我說：這種尊重是要相互的，但如果沒有一個首先站出來做出主動的努力，就會很難有積極的效果。

藍莓和男友的交流方式真需要好好調整一下了，這種東打一槍西放一砲的吵法，是很擾亂視聽、搞亂邏輯的。

別人說一句你插一句的做法，非常不利於交流的順暢，不順暢了，情緒自然不好，兩個人各持己見，又各跑一邊，說不到一塊去，又怎麼能談攏事情呢？

情人之間，不要總是顧慮太多，不要怕做「第一個吃螃蟹的那個人」。為兩個人的幸福，這本身就需要彼此付出更多的包容和愛。

你的付出不會總是單方面的，對方會感受到你的努力，並在互動中回應你。如此下次爭吵，你們便不會出現那種毫無秩序的混亂場面了。

　　如果你們已經形成了不好的溝通模式，那麼改進起來就需要時間和考驗。你要堅持，有耐心，才能影響到對方。而兩個人同時朝著一個方向努力，也需要長期的磨合，才能形成成熟的交流模式。

　　而爭吵中你的隨意插嘴和隨口狡辯，只會將你們兩個人的爭吵變得出力不討好，足以令你們的情感關係裹足不前，還會因一點小誤會就陷入癱瘓境地。

　　因此，別因為隨意插嘴把情侶之間的交流變成亂哄哄的爭吵。爭吵中的隨意插嘴只會讓你無法真正知悉對方要完整表述的意思，結果影響了你們之間原本甜蜜的情感。

針對兩人的不同之處，找到妥協配合的方式

　　那個週末，珍珍拉著男友大為來找我。剛一坐下，珍珍就開始發表意見。

　　珍珍說大為總是不顧及她的感受：上週，他一個人出去參加旅遊團，明知道我喜歡旅遊，還丟開我不管！還好意思把壞掉的車子借給我用！說是怕我擠捷運上班辛苦，其實是要我幫他修車！

　　還有那次，我跟幾個朋友準備辦個內衣 Party，我想讓他幫

我，他卻說這主意真無聊！他這個人就是這麼沒情調！平時悶得像根木頭，我想兩個人在一起怎麼能這麼沒意思。

我想帶他一起玩，他就是不肯。每次去酒吧、KTV，我的女性朋友們都有男友陪著，他怎麼這麼不體諒人呢？

大為的氣勢也不服輸：那妳就體諒我了嗎？大半夜出去玩不回家！打電話妳又不接！害得我開車去各個酒吧找妳！妳喜歡玩樂，妳就去玩，我也不反對，但妳怎麼就不想著回家呢？那天是我升遷的好日子，我做了一桌子飯菜等妳回來，妳倒好，打來一通電話，還說讓我聽什麼海浪聲！原來妳一聲不響地跑去搞什麼海邊燒烤！

珍珍和大為顯然都沒怎麼學會換位思考，太站在自我的位置上思考問題，故意用「自私」行為來懲罰和告誡對方，在對方眼裡，這種方式卻是「此地無銀三百兩」的挑釁行為。

他們原本可以相互配合一下，喜歡夜生活的，稍稍早一些回家陪男友，不喜歡夜生活的，偶爾出來幫女友撐撐場面，這本來是可以兩全其美的事情！

在一段感情關係還未確定之前，男人或者女人都可以為了討對方歡心做出許多「委屈求全」、「獨嘗苦果」的事情，可是為什麼一旦相愛了，越是混熟了，反而就越不融洽了呢？是我們隱藏得太深了，還是後來我們變笨了，還是因為我們懶惰或者內心放不下驕傲？

都是，也都不是。

男人和女人不同，正因為不同，才會產生不同的磁場吸引，男人和女人之間的生物磁場吸引造就了愛情的發生。

這種不同，使得初識的男女被奇妙的新奇感包圍，成了愛情的酵素。

但同樣的，一旦兩人確立戀愛關係，交往一段時間情感就會從熱烈轉為平淡，從陌生轉為熟悉。之後這種「不同」又會變成愛情中的萃取劑，萃取出兩人相容的某些個性特點，從中分離出不相容的某些個性特點。

隨著交往的深入，你和對方都會發覺彼此身上一些令人咋舌的地方。

也許你會大叫：天哪！我當初怎麼沒看清楚，他（她）居然是個戀物癖！對辣椒過敏的他（她）也可能大驚小怪地大跳，問你怎麼每頓都要吃那麼多的辣椒醬！

對方抱怨你是自戀狂，你可能還發現了對方居然是個自大狂！

對方辦事欠缺果決，優柔寡斷，而你辦事講究高效率，奉行「心動不如行動」！

對方喜歡購買各種保險，而你覺得保險是騙人錢財不替人消災的騙人東西！

那麼，這時的你們就已經揭下了彼此臉上的「面具」，看清

楚了真正的彼此。如果你還想愛情繼續，那麼就要學著妥協，學著配合對方。

如果你說我不想妥協，不想這麼沒自我地配合對方，不想這麼容忍對方的缺點，那麼，麻煩你千萬不要再談戀愛了！

沒人能完全符合你的想像，也更不存在你完全符合別人「夢中情人」標準的可能！

別做夢了！是人都有缺點，是人都有個性！

你的缺點和你的個性碰撞到他的缺點和個性，就會有愛火，也會有煩惱！

其實，這並非什麼大災難，幾乎每對情侶都會碰到，不然還談什麼戀愛？直接去戶政事務所辦理結婚手續好了！

戀愛就是要透過相處，挖掘二人之間適合將感情繼續延展的可能。

除了個性、文化、個人信仰等諸多因素的不能相融合之外，還有許多人為上的認知偏執與行為懶惰會導致兩人不能繼續走下去。

有些情侶明明很般配、很相愛，可是卻在交往過程中沒有掌握到交往的金鑰，放縱了各自的「自我」部分，令「我們」的聯盟土崩瓦解，從而錯失了幸福的機會。

相愛的兩人常常在問題發生之後，只知道發洩怨氣、不滿，卻沒有想到在發洩之前，多站在對方的位置思考一下。

必要的時候，做出一些讓步來配合對方的生活方式和理念，這是情感關係走向成熟的必經之路。

你應該清楚，情人之間不懂配合，不知妥協，是非常危險的。

相愛的過程，就是要找到共存的模式與共同的道路，將愛變成更美好的存在，如果找不到，那麼愛就會成為彼此的懲罰，不如不愛了。

你喜歡這樣處理事情，我喜歡那樣。你看問題是這個角度，我看問題是另一角度。你最不能容忍的是這一點，我最不能容忍是另一點。

事實上，兩個人的不同點，除了會產生相互排斥外，還有著互補互助的良好作用。

從前，有一位眼盲的男子娶了一位啞巴女孩。

男子眼盲看不見女孩的種種缺點，譬如邋遢、不修邊幅、饞嘴、懶惰等，而啞巴女孩即便對男子有諸多不滿，也無法囉囉唆唆磨磨嘰嘰地說上大半天，兩人因此恩恩愛愛過了一輩子。

這樣的兩個人配合在一起，還真是天生一對！

從這個小故事中我們應該明白，兩個人決定在一起了，有的時候為了配合對方，我們既要「眼盲」，還要「啞巴」。

需要指出的是，「眼盲」、「啞巴」是兩個人在相互協調中

都要進行的，並非是某一人獨自做出，一味聽從對方的指示。

準備愛人的第一步，就是要學會妥協與配合。

在兩人相處中，發現兩人的不同，並以此來磨合出一套相互妥協與配合的關係模式來，研究出屬於兩人專有的「愛情共處五項原則」，不要覺得麻煩，更不要覺得沒必要，這是你們的愛情必修課。

你選擇永遠勝利，還是選擇擁有一段好關係

我們常常說人生要永不言敗，當然永不言敗的精神是好的，但也要用對地方。

假如我們將「永不言敗」的精神放在感情關係裡，那麼恐怕就要多出許多亂子！

有些人在愛情裡一貫喜歡保持高姿態，爭吵時，絕對要占上風，有理走遍天下，無理也要辯出三分來！即便吵不過，他們也要端起架子，不認錯，不妥協，對方來言和，還要看自己的心情如何。

在情人之間，能始終保持這種心態和姿態的人可謂「爭吵貴族」。

　　「爭吵貴族」要麼因為在感情關係確立之初被另一方施與了過多的仰望和崇拜，要麼因為本身個性裡跋扈與驕傲特質難以收斂。但不管怎樣，「爭吵貴族」心中存有的優越感和尊崇感都會敗壞掉感情關係中的平等與平衡要素。

　　建立在不平等基礎上的情感關係無疑是病態的，這種關係中的兩人是無法達到真正的溝通的，兩人間產生的問題也無法得到真正的解決。要想兩人自在平等地相愛，「爭吵貴族」們身上的毛病就必須改！

　　百合就有一位「貴族」男友。

　　這位「貴族」男友，是百合用盡全身解數，花了八個月才倒追過來的。

　　用八個月追求一個人，這麼大毅力，一般人還真沒有！

　　百合幾分炫耀地翻開手機裡的照片給我看。

　　的確，照片中的帥哥很有型。

　　我說：妳收藏這枚精品，現在讓妳覺得累，覺得委屈了，是不是？

　　百合現出一臉苦色。

　　百合說她男友是被慣壞的。

　　男友算不上高富帥，卻有一張幾位男星五官部位拼出的臉，一雙羅志祥似的桃花眼迷死人不要命！前面幾任女友都對他特別好，但後來都忍受不了他的脾氣，一個個地離開了他。

　　百合說，自己也是太愛他了，總是不忍說出令他難受的話。

　　每次爭吵，百合看見他氣得渾身發抖，就趕忙閉嘴。冷戰持續不到多久，百合就對男友投降示好了。

　　妳說我是不是很沒骨氣？百合這樣問我。

　　愛得多一些本身沒有錯，但不要把自我忘記了。

　　感情裡，太堅持自我會令彼此溝通配合舉步維艱，但太忘我也同樣會令彼此缺失愛的呼應與共融。太自我的人喜歡沉浸在被認同被服從的氛圍之中，而太忘我的人則是習慣了低眉順眼、委曲求全的卑微姿態。很有意思的是，在這世上，太自我的人與太忘我的人總會拼湊成奇怪的一對。

　　但愛情不是唱雙簧，一個人光鮮亮相，另一個人安心守在背後幫忙；愛情更不是木偶劇，牽線指揮的那個人終有一天會覺得乏味無趣，終日被擺弄被支配的那個早晚會崩潰。

　　對於百合來說，現在她要做的是，幫男友改掉這個尊貴毛病，但這首先要確定，他是否也愛她。如果他只是喜歡單方面享受被愛，那麼百合就應儘早離開，不要繼續淪陷下去，不然，就算她連死了的心都有了，他也不會在乎她絲毫。這種愛情是不討喜的，更不會讓人獲得幸福。

　　百合說，其實男友也是愛她的。比如，上下班會接送她，過生日會為她設計一個非常有心意的泳池 PARTY。還有一次，她被變態老闆性騷擾，男友很霸氣地把那個老闆狠狠一頓揍，

拉著她從公司出來，告訴她不要怕，沒有工作，他養她！

百合說，當時，她感覺棒極了，被自己心愛的男人保護著，滿心都是幸福。她覺得，男友就是她的英雄，是她的神！

我笑：可是神會拯救人類，也會懲罰人類。

百合點點頭。

可就是這樣一個男人，就是不肯向她認錯。

十次吵架，十次都是她主動認錯，不管事情原委是怎麼樣的，他都是一副等她言和的樣子，她覺得自己永遠是那個失敗者。

她也希望像別的女生那樣被男友寵、被男友哄，生氣了可以隨便對他發發脾氣，委屈了可以在他懷裡任性妄為。

可男友就是給不出這種柔情密意。有過幾次，百合狠下心想要治治他，可最終都沒能達到目的。

百合非常苦惱：我真不知道該怎麼辦？難道我和他真的不適合？難道我真該跟他分手？

我說：妳和他適不適合還不好說，兩個人是否適合做情人，要看溝通交流的結果，但你們的溝通交流一直處於單方面言說，妳在服從，而他在命令，這種模式的交流等同於沒有交流。

百合幾次用冷戰的方式來改善關係，這種方法對於被寵壞了的男友是沒有用的。因為潛意識裡，他已經把她與他的關係看得通透，也對自己在此關係裡的地位堅定不移。也就是說，

他認準了自己吃定她了！

被人吃定的感覺是非常複雜和糾結的。一方面會讓人因為覺得被自己傾心的人掌控和擁有而有一種自身價值感被認同的虛榮，另一方面又會讓人覺得對方蠻不講理，於是就給對方定下大男人主義或者大女人主義的罪名！

罪名是有了，但實際上，法官從來不是處於弱勢的你！

對方站在高處對你指責也好，不理會也好，總之就是要你服從，即便明知自己錯了，也還是要拿出「唯我獨尊」的姿態來壓制你！

對付這樣的情人，心不能軟，行動要緩，要講究策略，要智取不能猛攻！

你今天把人家當作上帝，明天把人家打成撒旦，這地位和名譽之間差距太大了，任誰都受不了這份刺激！

要寵，要哄，要施以懷柔政策，多來點糖衣砲彈，待對方放鬆警戒，再打讓對方措手不及的鹹魚翻身仗！

這才是聰明的反客為主的攻略！

當然，在感情關係裡的兩人，最好還是既不要做失敗者，也不要做永遠的勝利者。

失敗者或者勝利者都不是感情關係裡該出現的角色。

如果感情關係裡出現如百合及其男友那樣的情形，那麼那其實說明兩人不是情人，一方只是另一方的傭人或僕從。

想要更好地相愛，提升愛的品質，你就不能夠太自我、太自私，否則就是對另一方的漠視，對愛情的誤解和傷害。

感情是相對平等的關係，是禁不起這樣長久遭受重壓的，也沒人能永遠背負你這麼多的驕傲。

將對方永遠「踩在腳下」的想法，是非常幼稚不成熟的。

相愛應是建立在相互平等的基礎上，和諧的關係需要你和對方用心維護，相互尊重，相互珍愛。

如果你是那個被寵壞的男孩或者女王陛下，你真該想想，你是要永遠的勝利，還是要一段好的感情關係。

收收你的架子吧，別總等待對方妥協！

如果你們之間沒有和諧的感情關係，那你才是如假包換的失敗者呢！

若你是 36 號的腳，
就不要羨慕人家有 41 號的鞋

人總是喜歡比較。男人喜歡比較誰有能力，誰的事業進展好，誰更有社會地位；而女人喜歡比較誰美貌，誰氣質好，誰嫁得好。

　　在愛情方面，不論是男人還是女人，在同伴面前都還是忍不住去比較。男人比較誰的女朋友聽話、溫柔體貼、善解人意、相貌美、身材好，女人比較誰的男朋友英俊瀟灑、幽默風趣、用情專一、博學多才。

　　比較來比較去，難免有的人羨慕，有的人嫉妒，有的人得意，有的人失意！

　　人的內心真是太容易受影響了！

　　那天，丁寧約我在公園見面。

　　她說：最近心情煩亂，總是有事沒事地跟男友找碴吵架。

　　我問：怎麼了？

　　丁寧沉默了一會才說：上個月，她的一個好友訂婚了。

　　實際情況是，好友邀請丁寧和男友出去吃飯，結果一見面，丁寧被好友的未婚夫震懾住了！好友的未婚夫人長得帥不說，還在美國留過學，文憑能力不一般，還能說八國語言，據說會跳探戈，鋼琴八級，做過賽車手，家世又好，事業更不用說，已經是小有名氣的建築設計師了！

　　丁寧說完這些，隨後就是唉聲嘆氣：那天吃完飯回來，我就不停地在想，怎麼好友就能找個那麼出色的男友？再看看我的那位，人長得還算可以，學歷呢普通大學，工作呢一般小職員，每個月那點薪水，跟他出去吃頓西餐還得算半天！外語呢，他也只會用英語為老闆打打檔案！風趣幽默的功力，也只

限於講講黃色笑話吧！鋼琴？他倒是會吹口琴！低俗！粗鄙！毫無亮點！真是沒法比！

丁寧告訴我，她越來越有種想要提分手的衝動了！這幾天她已經跟他吵了許多次了！

顯然，丁寧沒有意識到人比人氣死人的道理！她只知道羨慕別人的幸福，卻忘記了幸福都是不可複製的。就算她找到一位像好友未婚夫那樣的男友，就可以複製出好友的那種幸福嗎？

對方留過學，可能也會要求自己的女友不只是普通大學畢業；對方會說八國語言，會跳探戈，會彈鋼琴，這些素養，他有，她沒有，他們在文化素養、藝術修養上落下一大截，將來溝通也是個問題！維持這樣的戀愛關係，於她來說，難度非常大！

情侶之間的相處，需要兩個人之間建立一種共處的默契。你可以不費力地了解對方的內心，對方也可以省下向你作多方面說明的力氣。如果兩個人的想法總是搞得混亂，驢頭不對馬嘴，那麼愛起來就只會很難很難。

兩個人的默契展現在精神交流、生活習慣、脾氣秉性等各個方面。

我問丁寧：妳是否準備好迎接新的挑戰，冒一次險，把現有的幸福拋棄，去尋找妳夢寐以求的「絕配情人」？

丁寧思慮良久，又對我搖頭，最後嘆了嘆氣，說：其實仔細想想，男友雖然學歷不高，可工作很刻苦，又有上進心；雖然賺得不多，可每個月都一分不少地交到我手裡。還有幾次公司發了獎金，他不是買禮物給我，就是帶我出去吃飯。還有我脾氣不好時，總是喜歡摔東西，而他就跟在後面收拾殘局。他很貼心，雖然不怎麼會做家事，可我生理期時，他絕不讓我碰一點冷水。

再想想他的缺點，穿衣服沒品味，不過倒還有自知之明，讓我來打理；他做飯不好吃，但他也會安心地當我的助手。

我路痴，出去逛街都必須有他陪著，搞得他對商場比我都熟悉。他貪吃，我貪睡，一個負責每早叫醒對方，一個負責做早餐。這麼想想看，兩個人才真的是「絕配」！

說著說著，丁寧自己也樂了，還不好意思地問我：我是不是頭腦發熱啊？

我說：妳啊，確實是發燒了，不過現在退燒還不晚！早點收了之前的怨氣，跟男友和好才是正道！

人啊，總是不滿足，總是容易被雜念帶入迷途！

當然，每個人對未來都有期盼，對自己戀愛的對象都有這樣那樣的想法。這是人對美好的正常嚮往，無可厚非！但請注意分清楚現實與夢幻！

不要做水中撈月的猴子！

我們不是天真的猴子，將對美好愛情的願望付諸實踐也需要量力而行。

我們都希望自己的另一半更符合我們的想像，最好是夢中情人，心中偶像的翻版！但我們首先也要去想想，自己是否符合對方心中的標準。

我們每個人都是有缺點和不足的，既然相愛了，就不要對對方附加過多的不可能實現的構想。

你所羨慕的別人的幸福，不是你們的。

愛，就在一起。

在一起並不需要通曉天文地理、齊民要術，只需要你和對方用心來相處，用愛來維護。

這世間沒有完美的感情，只有適合你的感情。

兩個人在一起，不是為了讓外人評價什麼郎才女貌天仙配，而是兩個人在一起很舒心，很踏實。

你能容忍對方的毛病，對方能包容你的個性，你們心心相惜，能夠相扶互補，這才是最重要的。

幸福真沒有你想的那麼複雜！

為什麼不珍惜身邊已有的幸福？

不要做盯著別人碗裡的反而丟了自己鍋裡的那種傻瓜！

有一則小故事說的就是這個道理。

　　天使降臨人間，遇見一個男人，這個男人家財萬貫，有嬌妻，有愛兒。當天使說答應他一個願望時，男人說想要幸福。天使答應了。轉眼間，男人變得一無所有，妻兒相繼離他而去。

　　男人崩潰地問天使：我要的是幸福，你怎麼給我苦難？

　　天使點點頭：我這就給你幸福！

　　天使的手一揮動，隨後，男人發現自己的家宅財產又回來了，他美貌的妻子、可愛的兒子也回來了，一切都恢復到了從前的面貌！這個時候，他忽然感覺到無比幸福，激動地大哭起來！

　　真正能令我們幸福的其實並不需要很多。你所看到的別人身上那麼多的光環與閃耀，並不是愛的真正核心。你想要的幸福，也並非由這些物質來支撐。真的沒必要豔羨別人！

　　你對愛人不滿意了，對現在的幸福有了遺棄的心理，那麼也要做好準備，當你奔赴一份超出你所能負載的幸福時，有一天，你也可能被這份幸福遺棄。

　　珍惜現在的所有，不要製造無中生有的煩惱。幸福並沒你想像的那麼光鮮明麗，幸福是簡簡單單、平平淡淡、踏實的溫暖。你可能已經握住了，握住了，就不要輕易撒手。

　　鞋子，要適合的尺碼。愛情，同樣也要適合你的 SIZE。

　　有多大的胃，用多大的碗！長多大的腳，穿多大的鞋！

　　你有一雙 36 號的腳，就別去羨慕別人有 41 號的鞋子，那樣即便你勉強穿上了那樣大號的鞋子，也只能既不好看又讓你難受，別人看上去，也像是你借來的！

　　像格林童話裡灰姑娘的姐姐們，削足試鞋，最終還是沒能成為王妃！

第九章
結婚的各種可能：
愛到不想分開了，
那就結婚吧

「裸婚」不可怕，可怕的是聽天由命的態度

　　網路上有一則關於「裸婚」的新聞，說的是一位貧窮的年輕人用一坪的婚房迎娶自己心愛的女孩。年輕人表示以後一定努力賺錢買房，不辜負愛人對他的愛和信任。

　　這個愛情誓言聽起來多麼質樸平實！看見這則新聞時，我們不得不相信這個物欲橫流、人心浮躁的世間還有真愛存在。年輕人與他的愛人將來的生活會是怎樣，我們並不知曉，只有送上誠摯的祝福。

　　「裸婚」是時下流行的詞，其實歷史上早就有了裸婚的例子。卓文君與司馬相如是裸婚，劉邦與呂雉是裸婚，姜太公與馬氏也是裸婚。

　　司馬相如後來事業有成，便對卓文君有了嫌惡之心，爾後又良心發現，終沒做出狼心狗肺的事情來。

　　劉邦與呂雉算是患難與共，劉邦成就帝業，呂雉也做了皇后，成為歷史上極有影響力的女人。

　　姜太公與馬氏屬於雞犬不寧型的裸婚，婚後兩人在精神世界裡無法溝通，馬氏受不了清貧的生活，姜太公嫌她目光短淺，終於有一天兩人鬧了離婚。

　　看看這些「裸婚」案例，還真是各有不同。

如今，我們為了愛情而裸，真心實意地裸，裸得情深意重。

我們裸婚，裸的是形式，富足的是感情。

沒有真的感情，是無法走出「裸婚」這一步的。但能夠將「裸婚」進行到底，需要的並不是只有真的感情。

生活中，要面臨諸多現實問題，每天睜開眼，便會面臨管理費、水電費、房貸、柴米油鹽、人情往來。如果處理不好情緒與壓力，心中濃郁的感情就會很容易淹沒在生活困局裡。

很多時候，你我都沒有做好心理準備迎接生活的挑戰。

我們要用怎樣的心態去迎接「裸婚」的未來？是放棄、妥協，還是堅持到底？

前幾天，小竹在來信中向我訴說了她心中的煩惱。

她不知道到底還要不要跟男友「裸婚」。

小竹說，她和男友的家境都不好，當初，知道兩人交往，小竹的母親就幾次三番地阻撓，間或託人介紹男友給小竹，其中不乏各方面條件都比男友優秀許多的。但她與男友從大學相識、相戀到現在已經五年的感情，她實在放不下。

小竹從小生活在單親家庭裡，母親含辛茹苦把她養大，她從小就明白生活的艱辛，更想將來能給母親一個無憂的晚年生活。母親對於她和男友的交往一直非常反對，聽見她說要跟男友裸婚時，母親氣得大病了一場。

　　為了緩和關係，小竹和男友暫時放下了「裸婚」的打算。兩人商議著先做些生意，把經濟條件改善一些，再跟母親談，或許母親看見男友有上進心，就不會反對了。

　　之前，小竹在公司裡做得不愉快，兩人自有了開店的想法，便索性都辭了職，做起了加盟店，起步資金是男友向他做生意的堂兄借來的。

　　萬事起頭難，做生意一開始碰見各種挫折是難以避免的。

　　沒想到，男友居然那麼受不了打擊，沒事就在店裡喝悶酒。小竹多說了兩句，他就跑出去半天不回來。後來，他還總是把小竹一個人丟下看店。小竹跟蹤男友後發現，原來男友最近居然迷上了賭博！

　　小竹說：我真是傷心死了！我問他，是不是忘了當初是怎麼對我說的？是不是忘了要給我幸福？我看見他整天吊兒郎當、聽天由命的樣子，心都灰了！他說他錯了，他會改，可他真的會改嗎？我開始懷疑自己為什麼會愛上他了，我有些慶幸當初沒有執意跟他登記結婚了。

　　小竹告訴我，她今年已經 25 歲了，母親經常說 25 歲是女人一生的分水嶺，嫁不嫁得好直接決定以後過得好不好。她現在心裡很亂，對當初堅定不移的感情愈發遲疑了。

　　要不要放棄這段感情？要不要為愛放手一搏？小竹的矛盾是現世男女感情中常見的。

母親的說法自然有她一定的道理，歲月打磨、生活歷練帶來的經驗之談並非不可聽。

也常有人說婚姻是女人一輩子的事業，要經營一段婚姻遠比經營一段感情複雜得多。但愛情如果摻雜了太多的現實因素，也會給人一種疲於奔命的感覺。

是要麵包，還是要愛情？這是大部分女孩在婚姻上都要面臨的問題。

其實並不是不可以選，麵包和愛情都可以在並行權衡中爭取，這完全在於，你想要怎樣的麵包以及怎樣的愛情，你將要付出怎樣的努力。

「裸婚」的兩人處在幾乎一無所有的境地，會遭遇各種現實風浪，行進其中，需要的不僅僅是彼此的勇氣，還需要彼此能冷靜理智地處理相互之間的諸多問題。

如果你可以做到，那麼就試著與愛人共進退，收起浮躁脆弱的心，從聽天由命的狀態中走出來，重新面對生活，繼續你們的未來計畫。

如果你自覺無法做到，那麼就不要把自己當成災難終結者，內心無法一夜強大，千萬別把愛情當成幻想小說，把婚姻當作拯救良藥。

要知道，一個沒有積極的生活態度、不試圖努力改變生活現狀的男人，實際上就是懶惰、沒有責任心，是不值得你愛的。

如果不是對方暫時的自我迷失，而是其本性的缺憾，那麼你就不要再繼續走下去了。這會是「裸婚」的致命傷，你真的負擔不起！

對任何婚姻而言，財產多少不是根本，鑽戒多大不代表幸福，其幸福關鍵在於兩個人在婚姻關係裡是否同心協力，是否積極地面對生活與困境。

對婚姻家庭要有擔當，對另一半要有責任心，對兩個人的未來要有期許，這才是婚姻中兩人該有的心態和姿態。

裸婚不可怕，可怕的是聽天由命的態度。

聽天由命的態度會使你和對方的愛情在現實消磨中變得軟弱無力，經不得衝擊。這樣的所謂幸福不過是你們彼此在自欺欺人地紙上談兵。

不論是男人還是女人，如果選擇了「裸婚」，就千萬不要有聽天由命的態度！否則，在今後的日子裡，現實問題一件件地接踵而來，而你或者對方獨自力撐的整個感情世界，終將因此而裸掉最後一張愛情的皮。

「二婚」這個標籤不重要

生活中，我們排斥二手貨。買什麼都要全新，一聽別人用二手貨，馬上嗤之以鼻。對東西，我們有潔癖，生怕降了自己的等級；對感情，我們同樣有潔癖，當一段感情到了談婚論嫁的階段時，我們最怕聽見的噩耗便是，對方向我們隱瞞了他的婚史！

「二婚」這標籤令我們生畏，常常有幾種原因：

一是覺得婚姻遺留的諸多問題，我們不是很有能力處理得好。

二是拿將來自己的「2+1」模式的婚姻跟身邊人的「1+1」的婚姻模式相對比，心理上可能會過不去那道檻！

三是親友同事、街坊鄰居等等的輿論壓力。

很多人總是特別在意這個問題，然而一旦憂慮變成現實，其中的當事人就會一邊愛得無法分手，另一邊又糾結得總想甩開那個令人厭惡的「二婚」標籤！人真是矛盾啊！

佩佩最近找到我，對我述說了她跟男友的愛情故事。

她與男友的相識純屬偶然。當時，她陪老闆參加一次會議，男友是當天開會地點的飯店經理。佩佩說，她從來不相信一見鍾情，可是當她的眼光落到男友身上的時候，她就覺得，

這個男人是她的。她也能感覺到男友的眼神炙熱。直到她接受男友送來的紅玫瑰時，她終於按捺不住欣喜，投入了他的懷抱。

佩佩覺得，真是浪漫極了！

佩佩說，他們在各個方面都非常合拍，她一個眼神，他就能明白她的心思；他一個動作，她就知道他要做什麼。他們也會吵嘴，但說不清為什麼，他們總是越吵越甜蜜。

佩佩告訴我，如果沒有後來那件事，或許，他們早就結婚了。

我問佩佩：發生了什麼？

佩佩想了想，慢慢地說了起來。

他對我非常非常好。但當我知道他有過一次婚姻的時候，我真不知該如何面對他和我們的將來。本來那天，他跟我說明這件事情的時候，已經準備好了求婚戒指，可能是我情緒表現有些失控吧，他沒再要求我戴上戒指，只說給我時間考慮，他會等我。

那天分手後，他打來電話，再次向我道歉，他說一開始沒對我坦白是出於他的私心，他怕我知道，很可能不會答應跟他交往。

他說的沒錯，我心裡對未來婚姻一直有個底線，就是不找二婚不做繼母。

他雖然沒有孩子，可他畢竟有過一次婚姻，不管是因為什麼，我總覺得那是一個疙瘩。

我父母都見過他，對他印象特別好，知道他隱瞞婚史之後，我母親對他的好印象大打折扣，我父親還算開明，他說只要我幸福，他就同意我跟男友的婚事。

可我現在還是很矛盾。已經一個星期不敢見他了，可我每天都想他，想他對我的好，想他對我說過的每句話。我很難受，很難受，一夜一夜地失眠。

那天半夜他突然打來電話，他說他想我，很想跟我過一輩子。不過，如果我無法接受他這個二婚的身分，那麼他也不會再勉強我，他希望我幸福。

我一直忍著眼淚，卻還是哭了出來。我知道，我愛他，可我一想到母親勸我的那些話，我還是有許多擔憂。母親還說，「二婚」的標籤，一旦戴上了，就永遠別想摘掉。

我越想越沉重，不知道該怎麼辦。可是一想到如果以後不能跟他在一起，我真的再不想結婚了！

我問佩佩：如果男友沒有「二婚」這個標籤，妳是否會毫無疑慮地接受他的求婚戒指？

佩佩忙點頭：那當然！

我笑：那為什麼不試試去忘記這個標籤呢？妳把他過去的婚姻當成紅字刺在妳和他的身上，當作你們人生今後的懲罰，

或許，妳會在思慮再三之下，還賠上了妳認為此生不再有的幸福。妳真是蠢到家了！

為什麼總是想著要摘掉這個「二婚」標籤呢？為什麼不能與它和諧相處，把它只當成是一個過去式，不繼續將它的作用延伸？你總是在內心執著地將彼此的關係戴上這個標籤，那麼你的糾結點就會集中於如何摘下去！

試問，摘不摘下去，對幸福真有決定性意義嗎？

但凡保持點理智的人，都會明瞭這已經發生了的事情，摘與不摘，都只是自欺欺人的障眼法罷了。

何必執著於一點，因小失大呢？

英國小鎮上有一位女孩，她因左臉頰上長了一顆黑痣常常被同伴取笑，她也因此而鬱鬱寡歡。有一天，一位神父來到這座小鎮，看見這位女孩時，忽然興奮地對她說，這顆痣是上帝給天使的記號。女孩從那之後，就再也沒因為這顆痣而感到羞恥，她積極樂觀地面對生活。

事實上，什麼都沒改變，又似乎什麼都變了。沒改變的是事實，改變的是人的心態。

心態決定命運，同樣決定你是否能抓住當下的幸福。

不要執著於無法改變的事實，抓住當下的幸福，你才能成為幸福的主人。

還在猶豫「二婚」能否幸福的人們，只是陷入了自我帶入

式的構想。看見別人二婚了，不幸福了，就覺得所有的二婚家庭都是不幸的。這只是狹隘的自造異端的想法。

婚姻是一門學問。許多案例說明，保證了婚姻不是二手貨的夫妻，也同樣會面臨分手的結局。婚姻幸福的關鍵不在於婚姻是幾手貨，而在於你如何經營這段婚姻。

「二婚」這個標籤摘不摘不重要，戴不戴才重要。

保持一個清醒自信的姿態，做個對幸福主動的人，那麼你的婚姻只能是搶手貨，沒有其他可能！

幸不幸福跟「二婚」相關嗎？

答案是 —— No ！

異地婚姻是危險爆裂物，盡快解決才是辦法

從異地戀到異地婚姻的轉變，許多人步履遲疑，許多人後悔莫及。

一段異地戀或者異地婚姻能否持久，這其中存在許多不安定因素。

距離的確產生美感，但距離同樣會製造不確定感。這種不確定感，令我們心中生出種種猜忌、懷疑。

異地感情的未來會如何？這是許多兩地相戀的情侶都為之頭痛的問題。

肖健來見我之前，已經做好了為異地婚姻做出妥協的決定。

肖健跟女友小雅從前是一個公司的同事，在公司的時候，兩人只是關係較好，並沒發展成戀人。

一年前，肖健跳槽，去了某市的一家大公司。

在社交平台上碰到，兩個人偶爾聊上幾句，後來，兩人經常搭檔打遊戲。這樣沒多久，兩個人就混得很熟，經常影片聊天，隨便開玩笑，還互稱老公老婆。肖健說，其實那時他對小雅還不算認真，沒想到後來，兩個人的感情會不可遏止地發展起來且一直持續到今天。

半年前，肖健參加原來公司的一位舊同事的婚禮，在婚宴上與小雅重逢了。見到肖健時，小雅衝過來抱住了他，在他耳邊輕聲喚了一句老公。肖健突然覺得心被什麼撞了一下，非常幸福。那天，小雅與肖健正式確立了戀愛關係。

隨後幾個月裡，他們經常在兩人所在城市之間遊走。旅途不遠不近，坐客車要三四個小時。

肖健告訴我，相處後，他發現小雅有許多優點，她賢惠細心、溫柔包容，只是在感情上對他有些過分依賴。每次幽會分開時，她都哭紅了眼睛，肖健一看她那個樣子心裡就難受。

可是肖健不能放棄現在的工作，他剛得到老闆的賞識，事業上才有起色，他怎麼能再走回頭路？於是，他想勸說小雅辭職，但就在這個時候他得知小雅懷孕了。肖健覺得，為了孩子，兩個人應該馬上結婚。

說到這裡肖健的表情更加糾結：剛知道小雅懷孕，我心裡既激動又不知所措。我是想跟小雅在一起，而且我們也有談過結婚計畫，可這個孩子來得太快，我還沒準備好一切撐起一個家庭。但不管怎麼樣，我不想委屈了小雅。我清楚，我愛她。

可就是因為要結婚了，我和小雅才開始了無休止的爭吵！

我說：到底怎麼回事？

肖健嘆氣，接著說：我們雙方父母都認為應該把婚事盡快辦了。問題就出在買房的事情上。我的想法是，在我這個城市買，這樣我上班不會受到影響，而且小雅已經懷孕了，我想，她應該辭掉工作，安心養胎，等生完孩子，再出來工作，豈不兩全其美？而她堅持要在她的城市買，她說，她已經為我生孩子了，怎麼還能為了我失去工作？她認為我太自私了！

不錯，我是有些自私，但我也是從我們兩人的利益出發，這樣損失會更小。如果我辭掉工作，去她在的城市，那麼我短期如果找不到工作，這個家就會面臨很大的經濟壓力，而且，目前我的薪水比她高出許多。

我問肖健：那後來房子的事情解決了嗎？

　　肖健搖頭：小雅執意要在她的城市養胎，而我確實捨不下現在的工作。就這樣，我們冷戰了，結婚的事也暫時放在一邊。我們雙方父母都催得緊，可我和小雅之間現在的情形實在難以把結婚提上日程。後來我想了一天一夜，最終決定，我跟她去她所在地城市結婚，重新開始事業。

　　說完這些，肖健大吐一口氣。

　　我問肖健：小雅知道你的決定後，是怎樣的反應？

　　肖健點頭：她很高興，也很感動。現在，我們正在籌備婚禮。雖然我捨棄了工作，但同時，我跟小雅的愛情也修成正果了。不管怎樣，異地婚姻要冒的風險太大了，我和小雅都沒那麼自信能處理好。既然選擇在一起，兩個人必須有一個人做出犧牲，那麼由我來做，也沒什麼不可以。

　　我很認同肖健的做法，異地婚姻確實存在諸多隱患和危險。

　　一些問題一對夫妻如果處理得稍微有些不好，婚姻就會因此隨時更新為易燃易爆的危險物品。

　　當然也有少數人能夠處理好異地婚姻關係，這其中的重點，還是要多溝通，多製造共處的機會和激情。這需要用心去解決和權衡許多事情和關係。

　　感情是一種動態介質，沒有動作，停止動作，對於感情都是極其危險的。兩個人之間確立一種感情關係，當距離成為其

中的難題，就需要兩人客觀而理智地來處理。

的確，感情可以超越時空，但時空同樣能夠影響感情。

相愛可以是一個時段裡的事情，婚姻卻是一輩子的事情，那麼，在短時間還未暴露出的問題，在今後的婚姻生活中，很可能就會成為一顆又一顆暗雷，千萬不要輕視了。

噓寒問暖，朝夕相伴，相看兩不厭，是不能保證感情永遠安全無虞的，更不用說處於異地的感情了，因為距離，其危險係數會成倍地增長。

我們要知道的是，在處理感情的距離感上，人多數總是被動的。生活中紛繁的問題，工作中煩人的事情，感情上空虛又寂寞，愛人不在身旁，曾經的親吻或者擁抱的感覺，都需要你在心中思慮或回憶好久。

這時的當事人會覺得苦，覺得累，在脆弱時容易生出情感出軌的臆想，想以此來減少壓力。這很普遍，後果卻難以收拾乾淨。一旦你愛人察知，那麼你們的感情很可能會走向盡頭。

《詩經》裡說，「所謂伊人，在水一方」。想想這情境就令人心生無限期望和悵惘，卻也令情感可以維繫綿長。

在我們身處的現代，伊人不只在水一方，而是伊人遍布四方，帥哥也滿街放光。

如何穩定你的內心，不被誘惑主導，不被欲望撲倒，那還真需要你有一顆淡定從容、坐懷不亂的心。

　　不要說你也許是柳下惠重生，更不要說你是斬妖除魔正義化身的法海禪師，但凡無法超脫七情六欲的凡人，面對誘惑，心都是難免有所悸動。而悸動之後，採取行動的人卻也不在少數。這時，不論你的行動是否付出了感情，都是對自己和對方的不負責任。

　　不要過分放大感情的力度而忽略了感情的密度，異地婚姻將面臨的危險重重，你該盡快解決，不要貽誤大局。

豪門是讓你自豪，但是你得掂量一下自己的斤兩

　　平民女嫁給豪門少爺，白馬王子迷上了灰姑娘，類似的情節被電視劇、言情小說用濫了，總給人感覺，彷彿富少滿地跑，嫁入豪門的機會隨處可找！

　　有些女孩子只要模樣夠俏，氣質夠好，就以為自己有可能成為豪門貴婦。

　　確實，生為女子誰都希望自己嫁得好，嫁入豪門這種願望也無可厚非。不管是豪門還是寒門，都是一樁婚姻，好不好關鍵在於你怎樣去經營，能不能承擔得起這段婚姻背後的責任，願不願意履行其中的義務。

　　文小姐跟我說，她最近跟富豪男友李先生分手了。她實在受不了富豪男友的自私、霸道、小氣、對人苛刻、指手畫腳！他簡直把她當成了牽線木偶來指揮！

　　文小姐說：我只是演藝圈裡的小蝦米，運氣不好的時候，就接接平面廣告，偶爾運氣好，演個小配角。在一次飯局上，我認識了他。當時我覺得他成熟穩重、氣質儒雅，保養得極好，並不像 40 歲的樣子。

　　那天，他給我們每人一張名片，我並沒多想隨手收了起來。沒想到，他後來會約我。開始，我就覺得他不適合做男友，後來的幾次約會，我都只是隨意地敷衍他。

　　令我意外的是，他居然因為我一次次的拒絕認真了！

　　一天晚上，我和幾個一起拍戲的演員唱 K 回來，我們剛坐上計程車，就被他的藍寶堅尼攔在路上。他走過來一開啟車門就伸手拉我。我當時喝了酒，有些醉醺醺的，就被他輕而易舉地拖到了他的車上。他問我是不是欲擒故縱。我蒙了，根本不知道他在說什麼。

　　隨後，在車上，他強行跟我發生了關係。雖然那不是我的第一次，可我一直潔身自好，也許因為這個，我的演藝事業總是發展不起來。可我還想以後能正常地嫁人，我不想做一些讓自己後悔的事情。

　　我把我的想法都告訴了他，希望他以後不要再糾纏我，我

沒那麼想嫁入豪門，所以也沒必要對誰欲擒故縱。那段時間，他突然消失了，我感到慶幸，同時也有種隱隱的失落。

後來莫名地，我的片約多了起來，而且片酬也比以往上了一個甚至兩個等級，我覺得奇怪。一次偶然的機會，我才知道，原來是他在暗中動的手腳。那一刻，我真的很感動。有不少朋友勸我，有個富豪男友有什麼不好？

是啊，有什麼不好？這麼想想，我心裡的虛榮心也膨脹起來了！

的確，嫁入豪門能讓人感到很有面子。

想想這幾年，事業上也總是磕磕絆絆毫無起色，身邊的朋友相繼都嫁人了，最終，我還是接受了他的追求。

當我還在憧憬以後的富太生活時，我和他發生了嚴重衝突。我們才交往一週，他就要求我停止拍戲，立即搬進他的寓所去住，而且為我請了專門的保母、司機。他這樣做其實是為了鎖定我的行蹤。

他還要求我盡快為他懷孕生子，隨後他才會娶我。

我問他是怕我不能生嗎？他沒有回答。但我清楚，他就是這個意思。

不僅如此，他還請了幾個家教，讓我學習法語、日語、德語，他還要我學會品嘗紅酒，認識瓷器，學習宴會禮儀。

我覺得，我簡直成了他的小養女了！

　　我越來越無法忍受這樣的生活，我提出分手，他試圖挽留，可我還是離開了。

　　她問我：我這麼做錯了嗎？

　　我告訴她：既然很累，很不適應就不要太勉強了。畢竟，嫁入豪門跟嫁入普通人家的標準是不同的。妳在對待這份感情的時候，用看普通男人的標準來看妳的富豪男友，這首先就錯了。

　　有錢男人選擇女人，不論是妻子、情婦，還是紅顏知己，都有非常高的標準。而妳能夠入圍，大概因為像妳說的那樣，妳身處複雜的演藝圈，一直潔身自好，而且，妳很低調，並不會抓住一次偶遇，就急忙找尋機會與他接觸。

　　妳說妳不是那麼想嫁入豪門這一點也正中了李先生的要害。有錢人雖然有錢，但他們即便不是白手起家，也會對生活消費有一個標準，他們不會娶一個用錢無度的拜金女。一般有錢人明白，想要嫁給他們的女人，大都是想隨意揮霍金錢，過優渥生活。妳的一句否定令他覺得妳很符合做太太的條件。

　　我跟文小姐說了這些之後，文小姐不禁苦笑：我當時只是想拒絕他！那我豈不是躺著都中槍？

　　我笑著說：但是隨著後來的了解，他發現妳身上太多稜角需要打磨，還有太多地方需要成長，所以，他為妳請了那麼多家教。一般豪門選妻子都有一整套條款的，第一條就是低眉順

255

眼。妳看看妳，人家讓妳學學語言，學學藝術修養，妳都跟著急，這明顯是違反了條款。

文小姐默默點頭。

其實很多女孩子都應該清楚，豪門帶來的不只是自豪，妳還應該首先掂量下自己的分量。

妳只看到享他人不能享的福，卻沒想到在這背後還要承受他人不能承受的其他。

所以，當妳有了嫁入豪門的想法時，妳首先要想想自己有幾斤幾兩，能否應付得來「豪門」光環背後更多的實質問題。

高富帥的愛你能否接受，關鍵在於你自不自信

現在流行的擇偶新標準，女找「高富帥」，男追「白富美」。

每個人都有每個人的擇偶標準。而「高富帥」、「白富美」這種外在條件之所以深入人心，主要是因為它很接近男男女女對夢寐以求的青年才俊和富家千金的想像。

當「高富帥」或者「白富美」向你暗送秋波，明裡放電，或者你們發生了一段戀情之後，你是否有自信與他（她）步入一段婚姻？

小君給我的第一印象是很靈秀清美的女子，只是眼裡滿是憂鬱。

小君說，她現在心情很亂，因為，她的男友居然向她隱瞞了「高富帥」的身分。她現在不知該怎麼辦！

我問小君究竟怎麼回事，她想了想，隨後開始了傾訴。

我跟他是在人才應徵市場認識的，當天我們公司對外應徵，那天我收到了他遞上來的個人履歷。後來我才知道，那份履歷以及他的文憑都是假的！

他順利地進入了我們公司，沒多久，我發現他挺聰明的，能力很強，剛來公司不久就得到了老闆的賞識。儘管如此，可他還是會問我一些很普通的問題，這令我覺得奇怪。

當所有人都看出他對我的心意時，我只是隱隱覺得他好像是喜歡我。感情方面，我一直很木訥，在大學裡只談過一次短暫戀愛。我剛一畢業就到這家公司才半年時間，男同事又都是三四十歲的已婚人士，接觸異性的機會就更少了，所以，對於他的一些舉動，我並沒過多地往那個方向想，尤其是，他很英俊，我猜想追求他的女孩一定不少，我不知道自己有什麼能夠吸引他的。直到他告白那天，我才敢相信，他是真的喜歡上我了。

那天，剛巧是他正式轉正的日子。他說要我一定答應跟他交往，這樣也好「雙喜臨門」。其實我也挺喜歡他的，便不好意

思地點頭答應了。

　　自從跟他確定了戀愛關係，我完全被他寵成了小公主。他真是個完美情人，他會很多運動，打網球、籃球、乒乓球、保齡球，而我是個運動白痴，他很有耐心地教我。他還做得一手好菜！

　　我生日那天，他帶我去了鄉下，為我捕捉了許多螢火蟲，在榕樹下他把親手編織的花環戴在我頭上，單膝下跪向我求婚。我沒想到，自己過了 23 歲，還能擁有這樣純真的愛情。

　　我知道，自己已經完完全全地愛上他了。

　　接受他的求婚不久，他提出要帶我去見他的父母。我心裡十分緊張，因為交往這麼久，我只去過他租住的公寓，還未去過他的家。他的家也在這個城市，只不過他習慣了獨立生活，便從家裡搬了出來。

　　令我意外的是，他家居然在這座城市最豪華的花園社區裡。而他的父親是行政高官，他的母親是某醫院的副院長。

　　見到我的時候，我被他母親問了許多私人問題，她的語氣和表情都像是在審查犯人，令我渾身不舒服。聽聞我父母只是普通工人，而我又是畢業於普通大學，他父母的神色變得更加嚴峻起來。

　　晚飯還未開席，突然又來了兩個女孩子，打扮時尚，氣質高雅，是他母親的乾女兒。他母親在席間故意用英語跟她們交

流，我英語雖然不算好，但也聽得出她們在談論一些我不懂的問題。交談中，我還發現，原來他很早就去英國留學，回國後自己還開了公司，那天他出來應徵完全是為了打發時間！

那晚，我心裡一直盤踞著一個問題，他為什麼要騙我？

他看出我生氣，向我道歉，說他不是故意要隱瞞身分，他只是想談一場真正的戀愛，是因為愛情而不是因為他良好的家世或者別的什麼去談戀愛。

我反問他，真正的戀愛需要欺騙嗎？

他說，他很抱歉，但他是真的愛我，想娶我。我說，我配不上他，我沒有跟他相稱的家世，沒留過學，不夠漂亮，不夠優雅，我做不了他的妻子！

我跟他的情緒都很激動，他不同意分手，可我除了分手想不到別的，他讓我突然覺得好陌生！我不知道要怎麼面對他了！

對於感情，我從沒奢望太多，我只要一個真正愛我、能跟我過一輩子的人。

我不想要什麼「高富帥」！

我問小君，是真的不想，還是不敢？

小君沉默。

妹妹，「高富帥」又不是什麼洪水猛獸！

　　妳愛他，就是妳愛他！不管加上了「高富帥」，或者去掉了「高富帥」，妳愛的都是他這個人！妳不是不想要他這個人，妳是不敢要！

　　我告訴小君，她的問題是她的過度自卑和對現實條件的過度看重。

　　被一位優秀的男生這樣追求和愛戀，應該是所有女孩子的夢想。

　　我不認為有哪位女孩會真心拒絕像這樣的感情，因為不管她是白雪公主還是黑雪公主，都有對愛情的憧憬和對幸福的希冀。

　　在正視一段感情關係之前，請先正視妳自己。如果妳無法做到正視自己，那麼迷失了自我認知的自己，就會在這段感情中失去定力。如果遇見這麼好的一個男生愛妳，妳就會怕！

　　可是，妳真的有必要怕嗎？

　　他父母對妳感到排斥，是因為妳跟他們心中期許的不一樣，這是很正常的反應。

　　一段感情能否有所成就，的確不只是兩個人的事情，但這其中最重要的卻還是你們兩個人。沒有一對父母不希望自己的子女幸福，他們暫時的無法接受，終會因為你們的堅持而改變。但這份堅持需要你們的真心相愛來獲得。妳想要放棄，並不能說明妳不愛，而是妳不敢愛了。

妳的不敢，來自於妳的介意。

妳不是在介意他的隱瞞，而是在介意他與妳之間的現實距離。

現實是上帝放出的煙幕彈，用來迷惑我們自以為是的智慧。

像親吻了青蛙的公主，最終嫁給了王子。而真相是，王子就是青蛙，青蛙就是王子。由人蛙相隔變為公主王子的金玉組合。所謂阻礙，不過一吻之間；所謂現實，不過雲煙。

妳與他之間不是隔著山、隔著海，而是隔著妳不夠強的自信心。妳需要翻越的，需要攻破的，大部分是妳自造的艱難幻象。

現實令人生畏，但只要妳有自信，就必能打破現實的桎梏。而這個桎梏，就最真實地存在於妳的內心。

沒有內心的自由，妳無法看清真實的自我，無法散發真正的自信。不要輕視自我，不要過分看重那些幸福的負擔。

是的，妳要走的幸福路不會是一條坦途，但不管是什麼樣的幸福，都不會是一條坦途，都會有各種需要處理和解決的問題。

關鍵在於，妳敢不敢解決？妳信不信自己？

第十章
婚姻裡的那些彆扭事：
結婚不是終點，
是起點

另一半的精神出軌，需看得清，更需認得清

小凡急急忙忙地來找我，見到我就抓住我的手臂問我：怎麼辦？怎麼辦？

我將她按在椅子上，試圖安撫她的情緒。

我說：妳這麼慌亂幹嘛？是被人追殺、劫財還是劫色？妳該不會是把色情狂引到我這裡來了吧？

小凡被我說得哭笑不得，暫時收起了剛剛滿地打滾求救的樣子。

小凡是我的保險經紀人，我以前也曾為她做過幾次心理輔導，我和她經常開玩笑說，我們兩個算是「相互利用型」交情！

我記得小凡前段時間被公司派到外地進修，看她緊張的樣子，我猜想，該不會是這次回來一場大搜查，真的搜出來什麼了吧？

這麼一問，還真被我說中了。

小凡拿出手機給我看照片，她說這些照片是她從老公手機裡傳過來的。

我看了一眼照片，忍不住笑了出來：妳老公偷拍妳啊！他居然還有這個怪癖！

　　小凡一臉愁容地看著我說：這照片上的女人並不是我！而且他拍這照片的日期正好是我在外地進修的那段時間！妳說，這能沒有問題嗎？

　　我再仔細看看，確實，不注意還真看不出來！那照片裡的女人跟小凡有七八分相似！

　　我說：妳跟妳老公因為這個吵架了？

　　小凡大叫：吵了！當然要吵！出軌，這可是很大的問題！我現在都不知道該怎麼辦好了！可他就是不肯承認出軌！

　　我說：妳就因為幾張偷拍的照片，就定妳老公罪了？妳這個法官也太不專業了！

　　小凡苦惱：那還要怎麼專業？

　　我問小凡她老公究竟怎麼解釋的，小凡說她老公的解釋簡直太不可思議了！

　　小凡結婚剛滿一年，兩人還處在甜蜜期。這個時候，小凡忽然被公司派到外地進修三個月。小凡雖然不願意去，可是工作的事情，不能不服從。臨走前兩人依依惜別，小凡千叮嚀萬囑咐地交代下來，路邊的野花不要採！自小凡去了外地，兩人白天偶爾電話，晚上視訊聊天，每次都聊到半夜。

　　後來，小凡的事情多了，兩個人就只有打電話傳簡訊聯絡。

　　這段時間，小凡老公苦苦煎熬，每天吃完晚飯就去兩個人

經常去的公園、超市逛逛。有一天，無意中進了一家書店，令他吃驚的是，這書店的老闆居然跟小凡長得非常相似。從那天起，每晚小凡老公都會去那家書店待一會，偶爾買幾本書，期間就用手機偷拍了幾張書店老闆的照片。

小凡老公說，他從沒對那個女人動過非分之想。他就是覺得她跟小凡長得很像，所以幻想她是小凡，來排解自己心裡的相思之苦。

小凡認為她老公的這種解釋純屬胡扯：妳聽聽，有這樣為自己出軌找藉口的嗎？難道找一個我的贗品就隨便為自己的罪行開脫了？

我勸小凡冷靜一下，如果她老公真的出軌了，那麼為什麼他還會選個跟她長得那麼相像的出軌對象呢？這才叫不可思議呢！

小凡問，那難道他只是因為幻想症？

我告訴小凡，那也可以算是一種幻想症。

其實，小凡老公的這種精神出軌，是很正常的自我心理調解方法。這種精神出軌時常在一些行為和觀念較為傳統的男女身上發生。他們不能允許自己在感情上和肉體上有所背叛，但又在此時期，感情出現了很大的缺口，令他們身心都備受煎熬，於是，他們就找尋一個精神外遇對象，來為自己飢渴的精神「止渴」，以此來維持婚姻美滿。

當你這杯「遠水」解不了愛人的「近渴」時，你的愛人找了一個與你很相似的人，「望梅止渴」一下，其實也未嘗不可。

當感情傳遞因時間空間受阻，相愛的兩個人心裡都會出現相對程度上的需求不滿。這個時候，藉助精神出軌來填滿心理空缺，這種精神補償法，只能算是一種對照思念。

身為設計師的小圓也同樣發生過精神出軌，而她的老公不但沒因此大吵大鬧，反而對她非常信任。

小圓曾跟我坦言，下班後她喜歡去夜店、酒吧、唱卡拉OK，放長假時她還經常跟朋友一起出去玩。她的朋友很多，而且以異性為主。她說，被那麼多異性圍繞的感覺非常好！可她並沒有別的想法，讓她再選一萬次，她還是會選自己的老公，只有她老公才能給她最踏實的溫暖和安全感。

而且最難得的是她老公對她的信任和開明。她老公鼓勵小圓不要因為結婚了就放棄了個人愛好和獨立自我。

兩個人進入婚姻並非時刻相守在一起才能確保感情萬無一失，時而放鬆下，出外透透氣，也是給彼此一點私人空間，對夫妻感情反而有好處。

在現代婚姻生活中，精神出軌的發生機率越來越高。因為生活節奏的加快，工作壓力的增大，城市娛樂生活的增加，交際範圍的擴大，還有男女交往的自由度等方面的影響，使得那些選擇走出婚姻尋找輕鬆、宣洩壓力、傾訴煩惱的人越來越多。

　　聊天，喝茶，唱歌，跳舞，在婚姻之外尋找一種心理彌補，是現代婚姻生活中的一些人的做法。精神出軌在許多人眼裡依然帶著「猶抱琵琶半遮面」的朦朧神祕感，它被作為一種禁忌，不能對另一半坦承。

　　但是，能夠隨心所欲地在這種精神出軌中得到快樂的人並不多，因為有些人在經歷幾次精神出軌的體驗之後，又會在冷靜和反思中變得顧慮重重，總覺得自己有種罪惡感，而且一旦面對另一半，就總忍不住想要坦白。

　　就像小凡老公，被逼問了幾句便都交代了。這種坦白當然是想減少個人的罪惡感，但同時也會增加另一半的煩惱。小凡現在的狀況正是如此。

　　精神出軌雖能對婚姻感情造成一定的調劑作用，但同樣如果處理不好，就會帶給當事者煩惱。

　　另一方面，當事者如果沉醉於精神出軌的美妙幻想，將想像力作用於現實生活，就難免做出有違理智、損害婚姻的行為。

　　而將虛擬與現實混淆不清，造成了實質性的出軌，就如同有人用嗎啡代替止痛藥，如果上癮了，可是傷人傷己的行為，就不好玩了！

　　美國專家霍爾西在她的專著中曾說過：「精神豔遇只應深植於內心的神祕花園，不妨以此為婚姻多增添一些浪漫的感覺吧。當你從精神豔遇中吸取到喜悅的果實，一定要把它的芬芳

嫁接到實際的生活中，從而讓你和另一半之間的親密關係重獲新生的活力。」

我們每個人都要對精神出軌做到適可而止，不要擴大到現實婚姻的領地之內。

當我們發現另一半發生了精神出軌時，就不僅要對愛人的虛擬式出軌看得清，更要認得清，再就此採取一定的補救和應對措施，抓住感情的空缺點，防患於未然。

用「第三者」的招數，走賢妻的路

前幾天去參加一個婦聯搞的文藝晚會，沒想到居然也遇見了熟人。

當陳太太拉住我時，我險些沒認出她來。此時的陳太太，精緻妝容，打扮入時，一身名牌，搭配得十分有型，用光彩照人來形容絲毫不過分。

我驚嘆：陳太太，真的是妳嗎！兩年前，妳可不是這個樣子！

陳太太說：如果我還是那個樣子，妳今天看見的就不是陳太太了！

我問：怎麼了？

陳太太並不避諱地告訴我，她和她先生險些鬧離婚！

陳太太在外企工作，薪水高出陳先生許多。不過，身為妻子，陳太太一直相信自己先生的能力，覺得他有一天一定會打出一片天地。為了讓陳先生專心工作，她幾乎包攬了所有家務，家裡家外不管大小事情都由她來處理。

半年後，陳太太懷孕，妊娠反應特別嚴重，乾脆辭職在家養胎。孩子五歲時，陳先生已經做到了公司高層，陳太太提出重新出去工作，卻被陳先生勸止了，他覺得家裡一直由她照顧得很好，而且他一個人養家也並不吃力。

陳太太說：我一直覺得，為了他為了這個家我做出這麼大犧牲，本該得到更多的愛，而他卻居然跟別人搞曖昧。那次陪他去參加一個晚宴，或許是女人的第六感吧，我察覺到那個公司的公關經理對待我先生非常特別。

發現他們私下約會之後，我立即跟他攤牌，直截了當地問他是不是想跟我離婚。他說不是，他就是覺得每天看見我這個樣子，很單調，很無趣，又說我整天不打扮，沒有以前有氣質了，他只是一時衝動，沒抵擋住誘惑。他求我原諒，還說他以後不會再犯了。

聽他這樣說，我當時真的很生氣。我單調！我無趣！我不會打扮！沒氣質！難道他忘了當初多少人排隊追求我？難道他

忘了當初他是如何誇我漂亮的？

沒想到，那個公關經理會來找我。她開門見山地告訴我，她不想破壞我的家庭，她當初離婚，就是因為「第三者」介入，她知道幸福被毀掉的滋味。她跟我坦白，她接近我先生就是為了得到一些生意上的好處，而且她跟我先生在一起時只是聊天喝茶，沒有做其他的事情。我問她跟我說這些是想證明自己很清白嗎？她看了看我說，用她過來人的經驗，她不過是善意地提醒我，女人不能把自己活成了保母，任何時候不能忘了自己是女人。

說真的，雖然我心裡有些恨她，但她說的話的確有道理。

我問陳太太：後來是如何改變的？

陳太太笑著說：我跟他進行了一次談判！我把我每天在家裡需要做的所有事情都列了出來，一共有幾頁紙那麼多，我交給他看，要他選出一半他能夠做的。必須選，不然，我們就離婚！

我提出維繫這段婚姻的條件是，他與我以後共同分擔這個家的義務，我將重新開始工作，至於孩子，我們兩個人的薪水足可以請個保母和家庭教師。

剛開始他還有些不願意，但看我心意已決，他最後還是答應了。

但是後來，我在一家小公司做了不到三個月便辭職了。我

決定自己搞個工作室，自己做老闆。我的工作室一點點壯大起來，而我很快有了得力副手，把工作交給他們，我很放心。

我當然記得自己是女人，工作之餘，我會去做美容和中醫按摩，我還報了一個瑜伽學習班，我的身材也比以前更迷人了。

那段時間，我結識了許多生意上的朋友，有了一些應酬。這回輪到他不放心我了！想想，我心裡還有些得意！好幾次，他特地打來電話，問我具體位置，聽出我喝醉了，還說一定要我等他來接。他果然大半夜地開車來接我。

那段時間，我們彷彿又找回了戀愛的感覺。他不管多晚回來，都會把我折騰醒，又是親又是抱的，他還提出要我再給他生一個寶寶。

我故意氣他，我說我才不要生呢！生完孩子就沒魅力了，你又會嫌棄我了！

他說不會，他以後再也不會那麼傻了！自己有個又能幹又漂亮的好妻子，幹嘛去外面拈花惹草！

陳太太跟我說完這些時，非常開心地告訴我，她已經懷孕三個多月了。

我說：這次，妳自己做了老闆就不存在什麼辭職問題了吧！

她說：沒從這段婚姻裡「辭職」，我才是最大的贏家！

　　我問陳太太從這次風波裡得到了什麼啟示，她想了想告訴我：要用「第三者」的招數，走佳妻的路。

　　想想這話，的確很有道理。

　　一對夫妻由新婚甜蜜期到熟稔期，彼此的神祕感和好奇感都會消失，這時如果不悉心維護，愛的激情就很容易隨之消逝，這是十分危險的。

　　當兩人在婚姻之內，不再能感受到心的悸動，又不能背叛婚姻，那麼彼此該怎麼辦？

　　在平淡的生活中尋找些浪漫點綴，這需要兩個人的合作。

　　不想讓女人變成沒品沒貌的黃臉婆，男人就得多用用心，多動動嘴，幫愛人減輕負擔，給愛人多點提示，或者主動幫她做出改變。

　　而女人呢，想抓住男人的心，就先抓住男人的眼球。

　　就像經典的香港喜劇片《家有喜事》中吳君如扮演的程大嫂，不懂打扮，只知道料理家務，伺候公婆，終被大哥嫌棄，東窗事發，兩人離婚。後來，恢復單身的程大嫂，重新找回自己，變成了魅力十足的尤物，才令大哥心生悔意，重新展開追求。

　　女人應該活得像女人，男人才能更像男人。

　　妳要得到男人更多的愛，就要記得保持身為女人的心態。

　　男人回到家裡，希望得到的是安穩平靜。但這份安定感也

會令人倦怠，他會忘記妻子也是女人。男人對妻子少了興趣，狩獵的眼光轉向了婚姻之外，婚姻不出事才怪呢！

以主動攻勢掌握幸福，才不會淪為被害者。學學「第三者」的招數，給彼此一點新鮮感和緊張感，提升婚姻的性感指數，妳會是個令他又愛又恨的賢妻良母。

錢等於權，沒有賺錢能力，你就只是個寵物

小雨來找我時，臉上還留著淚痕。

小雨告訴我，她想離婚！

我問小雨：是不是妳先生外遇了？

小雨搖頭：並不是因為外遇，而是他根本沒把我當成妻子！結婚三年了，他從來不讓我插手經濟！當初為了孩子，我沒出去工作，現在我沒有收入，他一個人的收入是家裡的所有經濟來源。他辛苦我能理解，可身為妻子，我也有照顧孩子和老人，我對家裡的經濟情況應該了解，可他卻絲毫不給我機會。

我問小雨：有沒有試過跟先生溝通一下。

小雨搖頭：沒用的。他每天忙到很晚才回來，回來後，洗了澡倒頭便睡。我打電話想好好談談我們之間的問題，他總是

很忙，沒說幾句，便掛電話。我寫 E-mail 給他，傳簡訊，甚至往他口袋裡塞紙條，希望探討我們的問題，可他從沒回應過。

有一天，我問他是不是不愛我了，他搖頭否認。他說他就是要給我和寶寶一個美好未來，才會這麼拚。可他就是不讓我知道，我們家現在有多少存款！我每次出外開銷都要對他報帳，甚至我去超市買一袋衛生棉，他也要清楚。

而在經濟上，他卻對自己非常大方。比如，那次大學同學聚會，全部開銷都是他一人買單。他說，這是為了顯示下他現在的身家不同了！還有一次，他表妹從國外回來，在珠寶店看中一條卡地亞（Cartier）限量版項鍊，他問都沒問我，就買下送給表妹了！

那次，花園柵欄壞了，我找工人來修，說好的價錢臨時有了變化，多了幾百塊的開銷，可我還要打電話向他請示。

他像是很會用經濟來制衡我跟他之間的關係，每次我不高興，他就買很貴重的禮物送我，哄我開心。我也知道他為了這個家經常飛來飛去，很辛苦，就不忍心多計較了。可我心裡就是不舒服，總覺得這樣的婚姻關係，跟外面那些有錢老闆花錢包二奶沒什麼區別。

前幾天，我父母打電話來，說他們的老房子搬遷，想跟我借用幾萬塊。我父母一輩子都很要強，我記得小時候，生活最困難的時候，他們都很少跟人開口借錢。現在，他們能跟我開

口，一定是有很大的難處。

我把我父母的事情跟他說了，結果他只拿出五萬塊。我問他，是心裡不捨得還是怕我父母不還？

我說我跟你寫借據好吧！看我在白紙上寫，甚至按下紅手印，他居然沒做出一點阻止的動作。

當接過那張十萬元支票時，我的整顆心都涼了！

回想當初，我跟他在大學裡相戀三年，畢業時，不得不分手。那時，我父親已經託人幫我找了一份穩定的工作。是他千里迢迢來找我，求我嫁給他。

為了跟他在一起，我捨棄了父母，捨棄了工作，跟他來到這個陌生城市。我把所有美好的都給了他，我全身心都為著他！我父母現在有困難，我想幫他們一把，他卻這樣吝嗇！

我覺得他根本沒把我當成愛人！他已經不愛我了！我只不過是一個為他生兒育女照顧老人的傭人加寵物！我對他簡直失望透了！

小雨說完這些，已經哭得泣不成聲。

從小雨的講述中不難看出，他們之間出現這樣的情形，不是他們的愛情出現問題了，出現問題的是他們的婚姻關係。

首先，我們應該清楚，愛情與婚姻是不同的。

愛情究其根本屬於精神範疇的概念。一對男女從相遇相知再到相戀、組成家庭，這期間考慮的主要問題是對方愛不愛

我，我愛不愛對方，而一旦兩人步入婚姻，主要內容就變為如何支撐這個家庭，如何維護夫妻關係。

婚姻生活是一定會跟經濟基礎、物質條件掛鉤的。

我們每日的衣、食、住、行各方面，都與錢分不開。兩個人對當下生活條件的要求、將來的生活暢想，常常都會以金錢作為衡量標準。

那麼，一對夫妻在賺錢方面，如果出現了一方獨撐場面，另一方成為經濟承接者，這種「經濟供給式」的婚姻關係在協調和維護時，就常會出現如小雨身上發生的這種情形。

你會問，不是因為相愛才結合的嗎？既然結合了，婚後所有的都是兩個人的，還分什麼彼此？

這完全是愛情切入法的觀點解釋。

從婚姻切入法的觀點解釋來看，假如男方作為家裡的唯一經濟支柱，女方完全沒有收入，在家庭生活的決定權方面，女方就會呈現一種劣勢。

而賺錢的男方，在給予愛人物質金錢的時候，久而久之會形成一種養尊的思維模式。就是他認為自己有賺錢能力，那麼在支配金錢上，他本身應該有最大的決定權，他甚至可以忽略掉另一半的想法。因為在他的心裡，家裡的一分一毫都是他個人辛苦賺得的，花多少需要跟妳商量嗎？賺多少有必要讓妳知道嗎？

這樣的他只專注於這個家庭經濟脈絡的表象，而忽略了妳在他背後為家庭為他所付出的辛勞。他也忘記了，妳身為另一半本該有知道家庭經濟收支情況的權利。

而且，他還會習慣用一種賺錢能力來衡量他對財產的支配能力和解決問題的能力。

他覺得妳沒有賺錢能力，那麼如何消費，如何解決問題，妳也不會很在行，所以他需要對妳如何運用金錢，還有妳在解決家庭的其他事情上，全程規劃和監視。而這就會上升為對妳本人能力的狹隘判斷。

妳的愛人並非不愛妳了，而是忽視了妳的付出，輕視了妳的能力。在婚姻的關係裡，他把自己放在了供妳仰視的角度，希望妳能夠都聽他的，這樣才不會出亂子。

事實上，妳並非沒有賺錢能力，妳為家庭付出那麼多，妳也更不是沒有解決問題的能力。

那麼，為什麼妳不走出家庭，重新施展自己的能力，在一個他認為的經濟概念下證明能力，來獲得婚姻內的平等席位？

即便在古代，男耕女織也是各有分工。妳在家裡照顧孩子老人，這的確也是妳的工作，但如果不能在經濟上展現出來，妳就會在婚姻關係中處於一種被動境地。

愛情並不是勢利的，只是婚姻關係往往會呈現出一種勢利。

在婚姻之內，男女總是為你說的算還是他說得算諸如此類的問題糾結爭吵。

無論哪一方成為了家庭的唯一經濟來源，那麼這個人就會連爭吵都省下了！他（她）會帶著「唯我獨尊」的優越感，在婚姻關係中占據主導地位。這樣夫妻關係當然就不會協調！

女人最好的狀態是，賺一些錢，有人愛。

婚姻裡，賺錢能力並不是妳的絕對武器，但卻是妳不能沒有的護身符。賺錢能力多寡不重要，重要的是，妳至少能夠擁有一個獨立的人格。

套用《資本論》（Das Kapital）中的一條理念 —— 經濟基礎決定上層建築，經濟基礎同樣決定你們的婚姻關係。

在當今社會，女人在經濟上未必就是弱者。

不管是男主內還是女主內，夫妻雙方都要明白，沒有賺錢能力就等於失去婚姻關係裡的權力。

要做婚姻的主人，就要先做自己錢包的主人。

不論為另一半豢養的寵物，他的寵愛才不會只是他高高在上對你的「寵」，還有更多的是平等的「愛」。

對方一時被噎住了，像遭遇了「測謊機」

我的某位男同學最近總是跟我抱怨他的愛妻有事沒事就跟他吵，幾乎是「三天一小吵，五天一大吵」，有時還伴隨著鍋、碗、瓢、盆協奏曲，杯子、勺子、鞋子三重唱！加之愛妻從前學過聲樂，那聲音是相當曼妙高亢，吵到興頭上，簡直可以跟歌唱家相媲美！他痛苦地跟我形容，河東獅吼什麼樣，他老婆就什麼樣。

曾經有過幾次同學聚會，男同學攜愛妻前來。

愛妻身著一身赫本裝，精緻妝容，笑容溫婉大方，說起話來，溫聲暖語，讓人聽著從心底裡感到舒坦。與我們說話時，她臉上始終帶著微笑，張口閉口地「請」字開頭，真是渾身淑女氣質。

那天，我具體問了下男同學，究竟是什麼問題令他的愛妻常用爆音與他對話。

男同學想了想，表情略帶尷尬，說都是一些雞毛蒜皮的小事。比如，皮鞋沒擦；一週都繫同一條領帶；下班回來時，忘記吻她；買錯了她喜歡的香水。

隨後，我問他，婚前是否不擦皮鞋。他搖頭。我又問他，婚前是否一週只繫一條領帶。他依然搖頭。我又問他，婚前每次見面，是否會忘記吻她，是否會記錯她喜歡的香水品牌。他

又搖頭。

最後，我問他，鄰居同事對他愛妻的評價如何。

他說評價很高，都說她賢惠能幹，對人和氣，又樂於助人，從不斤斤計較。

這就對了嘛！

他苦惱，婚前，愛妻對他可不這樣！

我笑，當然不會這樣！因為你婚前也沒暴露這麼多缺點嘛！

其實，我的這位男同學和愛妻間的爭吵現象，是婚姻內兩性關係中最常見的現象。

一對男女從相識到相戀，再走到紅毯那一端，相互牽著對方的手，互換婚戒，深情對望，成為彼此相攜終生的 only one。

這個過程，從婚前戀愛的青澀期到甜蜜期，再到婚初的半成熟和成熟兩期，愈發熟爛，就愈會給彼此一種熟視無睹的輕鬆隨意感。

在戀愛時，男女都喜歡保持著鏡花水月的夢幻美，美妙得不真實，鼓動著心心相惜的荷爾蒙一路攀升，將兩人緊緊捆綁在一起，分都分不開。

這期間，男與女都保持著心動距離，不讓對方看見自己的太多瑕疵，盡量保持著對方希望的樣子。

男人負責風流瀟灑，女人負責美貌如花。

一旦進入婚姻之後，男女之間的距離無限接近，鏡花水月的夢幻被放置在現實生活的這只玻璃器皿之中培植、實際操作中，沾染了各式各樣的現實桿菌，原先的愛情蛋白因此就會發生畸變，繼而培育出一個奇異的物種。

這個物種比四不像還四不像。你說，它是愛，它又帶著怨意；你說它是怨意，它又間或摻雜著疼惜；你說它是疼惜，可它又時而刁難你；你想對它發狠，它卻令你捨不得下手；你想改造它，它又跟你擰著勁地造反。

可怕的是，兩人都沒意識到，這就是婚姻生活的本來面目。

再看看彼此。

起初，男人的風流瀟灑變成了瘋子阿傻，女人的美貌如花變成了美貌如瓜。

這並非說明你們的愛少了一點又一點，只能說你們的偽裝少了一塊又一塊。

婚前，你們把彼此忽悠得月朦朧鳥朦朧；婚後呢，生活向你們攤牌，讓你們看到了原先美輪美奐的 B 面。這 B 面的內容可一點都不朦朧，甚至具體到一頓早餐，一雙襪子，一次聚會，一個眼神，一句埋怨。

婚姻不是美輪美奐的夢境，更非莎士比亞的戲劇，而是一

場實在的煙火。

男與女周轉在煙火生活中，都早已褪卻了完美外衣，露出一身可圈可點的「真我」。

這煙，這火，來自外界，也來自內界。

女人會抱怨男人的職位停滯不前，男人會譏笑女人的腰圍體重一路向上。

男人婚前偽裝，婚後真相完全暴露。而女人婚前是賢良淑德的，婚後成了凶神惡煞。

女人會為了一隻穿破洞的襪子跟男人吵上半天，男人會為躲避女人追查在網咖玩一夜遊戲。男人會覺得女人虛榮、囉唆、膚淺，女人會覺得男人沒銀行的 ATM 可靠。

婚姻中最可怕的就是惰性。你在習慣中懶惰、放縱、忽略，這是最最不容忽視的問題。

如果婚姻是一株植物，你的惡習就必然會導致它產生壞死細胞，令你們的婚姻出現慢性萎靡。

如果你依然愛對方，依然愛這個家，那麼就考慮下他（她）的感受吧，適當地調整下自己的狀態，令婚姻更賞心悅目一些。

但要記住，婚姻是兩個人的事情，調整與檢討也是兩個人的事情，就如同爭吵需要互動。有了互動，婚姻的許多事情就好辦多了。

男人是天性叛逆的機器，只能改良，不可改造

其實，當一個女人完全愛上一個男人的時候，這個男人就已經占據了她的整個世界。

但女人們對征服到手的男人，並不會十分滿意，即便是愛了，也還是會看了又看地找出他的毛病。所以，女人總想要改造男人。

據不完全統計，在女人眼裡男人身上至少有一千多處令她不滿的地方。無論如何改造，男人身上總有一些地方讓她不滿。這種不滿，當然對於已經步入婚姻的男人來說，也還是會存在。

女人對他有這麼多不滿，為什麼還是會愛上他？女人並非是自相矛盾的動物，這種不滿並非全是因為難以容忍，而是由於女人內心的控制和占有欲望在支配她的挑剔神經，這樣她就忍不住要對男人大刀闊斧地動手腳。

女人內心認為這個男人是她的，那麼，他就要成為她心裡想要的那個完美樣子，對男人的改造甚至堪比一場巨大工程的手術。

女人們注重的細節無處不在，這讓她們發現男人身上毛病的機率真是要有多高就有多高！

比如，吃飯時聲音太大，用完洗手間總是不記得關上門，

不懂穿著搭配，總是在無意中說髒話，看電視的時候總是把聲音弄得太大聲等等。男人的毛病啊，真是多得數不勝數！

那天，美珍剛一坐下來就跟我抱怨她老公。

妳說說他，我跟他過了五年了，他還是改不了這些毛病！我總是跟在他屁股後面不停地說：吃飯之前先洗手！先洗手！飯後陪我出外散步，別老是在沙發上看電視！上班穿西裝，下班就不要再穿西裝了！能不能少跟那些狐朋狗友聯絡！

可是他呢？這幾年改造成什麼樣子了？他一丁點都沒改！前幾天居然還跟我吵起來，說我囉哩囉嗦，煩死人！

吃飯前要洗手是小孩子都懂的，可他偏不懂！要他飯後散步也是為了他身體好，他怎麼就是不聽呢？他穿衣服總是一成不變，我每天幫他搭配，他也不高興！他經常跟那些他的朋友出去吃飯、唱卡拉 OK，有幾次居然還賭錢，輸了好多。我勸他少跟那些人來往，還不是為了這個家！他還說我婦人之見！

他一整個造反，還跟我吵，說我渾身也都是毛病，他都沒嫌棄過，要我也不要總管著他！妳聽聽，他這是什麼態度！難道有毛病改了不好嗎？那我有毛病，他也可以說呀！

我笑著對美珍說：哦！妳倒是風風火火地在家裡搞了五年的革命運動！可是妳有沒有想過，男人最反感女人指揮。妳想想看，男人也是雄性動物。這世界上所有雄性動物都有一個共通性，那就是，他們要占據主導地位，他們是指揮者！

　　美珍大叫：他賺得不比我多多少！能力也並不比我強多少！他占據主導地位？他指揮誰呀！

　　我笑：他指揮妳呀！雖然男人的這種主導意識，在現代文明社會的婚姻關係裡並不提倡，但這種主導意識和指揮意念是從遠古時代遺留下的記憶基因，它在男人潛意識裡尚未退化。這就像女人們喜歡男人注目的眼光一樣，這並不說明，女人真的有什麼不軌想法，這也屬於遠古時代遺留下的記憶基因。在遠古社會，女人們經常是被男人強勢地追求和占有。但作為獵物也好，作為被追求者也好，女人們總是以吸引男人的注目來證明自己的魅力。而男人們同樣是以主導女人來證明自己的權威地位。

　　在提倡男女平等意識的現在，這種記憶基因仍舊存在，而且也在發揮著相對的作用。

　　女人們仍都喜歡找強大可靠有霸氣的男人做自己的丈夫，而男人們對太過強勢的女人總是唯恐避閃不及。

　　古人說，「三軍可以奪帥，匹夫不可奪志」。

　　妳的男人可以不是將軍，不是領袖，但即便他是個最普通的男人，在他的內心也同樣有著不可被剝奪的權威存在。

　　當妳在他身上指指點點的時候，他可以因為愛情而容忍妳，卻不會因為愛情而忽略妳這種潛移默化地蔑視和輕視。雖然，妳並不是真的蔑視或者輕視他，只是出於愛，但就他的權

威心理來說，他就已經感受到了威脅。

妳會說，哦！我是為了我們兩人能生活得更健康快樂！威脅？誰威脅他了？

可是，親愛的，妳搞錯了方式！

身為女人，不要在男人面前表現得過於強硬。

對男人強硬的女人，只會越愛他越會失去他。因為她正在用愛來冒險，這場冒險叫做挑戰權威。

男人的心中永遠有「唯我」的一席之位，尤其在自己的女人面前，往往會展現出一種令人可依可靠的力量。這種力量的存在，是不准許妳用教育小孩子的嚴苛方式來教育他的。

妳的改造教育法，實在有點陣前交戰的意思。

妳成了花木蘭，披甲上陣，站在他面前，從他的頭髮到腳趾，對每一個細節開始批評，這並不明智。

如果非要在他身上動動刀，不如學穆桂英，用點懷柔政策，搞定了他的人，再稍稍改良下，他也就完美了。

有的女人埋怨男人嗜酒，就發誓要把男人的酒癮一個月戒掉！唉！不會喝酒的人不清楚，戒酒的感覺好辛苦！一個月戒掉，男人會覺得妳跟他有仇，妳想殺他滅口！

還有女人討厭男人抽菸，就頒布禁菸令，把男人的所有存糧都給剿滅了，簡直比當年林則徐虎門銷煙還果決！

　　這樣的嚴厲肅清，永遠肅不清，反而會激起男人的反感和敵對情緒。

　　循序漸進，適可而止，記住溫柔提醒，外加崇拜著指責，妳用蜜糖包著的子彈打擊對方，對方才更能容易接受。

　　妳照顧下男人體內的主導基因，妳也體會下女人的占有快感，見好就收吧。

　　別太拿「改造」當飯吃。

　　婚姻生活的幸福，並不在於你如何改造另一方，更不在於改造生活。

　　改造是個血淋淋的詞，一點都不溫馨，而且也有悖現實。

　　人生不過短短幾十年，我們能夠努力做到的其實並不是多麼大的工程與變革，只是改良。

　　改良彼此，改良生活現狀，改良欠缺協調和默契的感情關係。

　　其實，你我，只要能做到改良，就已經是幸福的了。

男人是天性叛逆的機器，只能改良，不可改造

電子書購買

爽讀 APP

國家圖書館出版品預行編目資料

戀愛中的權力爭奪戰！越相愛，越互相傷害？
從摩擦中學會溝通與理解，別讓小問題演變成
大麻煩 / 徐一帆 著 . -- 第一版 . -- 臺北市：崧燁
文化事業有限公司 , 2024.07
面； 公分
POD 版
ISBN 978-626-394-523-4(平裝)
1.CST: 戀愛心理學 2.CST: 兩性關係 3.CST: 兩
性溝通
544.37014　　　　　　113009761

戀愛中的權力爭奪戰！越相愛，越互相傷害？從摩擦中學會溝通與理解，別讓小問題演變成大麻煩

臉書

作　　者：徐一帆
發 行 人：黃振庭
出 版 者：崧燁文化事業有限公司
發 行 者：崧燁文化事業有限公司
E - m a i l：sonbookservice@gmail.com
粉 絲 頁：https://www.facebook.com/sonbookss/
網　　址：https://sonbook.net/
地　　址：台北市中正區重慶南路一段 61 號 8 樓
8F., No.61, Sec. 1, Chongqing S. Rd., Zhongzheng Dist., Taipei City 100, Taiwan
電　　話：(02) 2370-3310　　　傳　　真：(02) 2388-1990
印　　刷：京峯數位服務有限公司
律師顧問：廣華律師事務所 張珮琦律師

-版權聲明 ―――――――――――――――――――――――――

定　　價：399 元
發行日期：2024 年 07 月第一版
◎本書以 POD 印製
Design Assets from Freepik.com